Nadine Kmoth

Erfolgsfaktor Körperrhetorik

Nadine Kmoth

Erfolgsfaktor Körperrhetorik

Überzeugen im Job mit Sprache, Mimik und Gestik

REDLINE WIRTSCHAFT

Bibliografische Information der Deutschen Nationalbibliothek

Die Deutsche Nationalbibliothek verzeichnet diese Publikation in der Deutschen Nationalbibliografie.
Detaillierte bibliografische Daten sind im Internet über http://dnb.d-nb.de abrufbar.

ISBN: 978-3-636-01498-6

Unsere Web-Adresse:
www.redline-wirtschaft.de

Umschlaggestaltung: ZERO Werbeagentur GmbH, München
Satz: Jürgen Echter, Redline GmbH
Druck: Himmer AG, Augsburg
Bindearbeiten: Thomas, Augsburg
Printed in Germany

Inhalt

Einleitung

Es ist gleichgültig, um welchen Redeanlass es sich handelt:
Sie wollen Ihrem Chef Ihr Können beweisen,
Sie wollen beim Kunden den Pitch gewinnen,
Sie wollen die Wähler auf Ihre Seite ziehen,
und Sie wollen Ihre Partner nur vom Besten überzeugen.
Der Körper redet mit.

Es ist gleichgültig, ob Sie mit Beamer, Overheadprojektor oder frei präsentieren, ob Sie sich in der Einleitung, dem Hauptteil oder dem Schluss einer Rede befinden, ob Sie den Drei- oder den Fünfsatz als Redestruktur benutzen; und selbst wenn Sie keine Strukturen benutzen:
Der Körper redet immer mit.

Es ist ebenfalls gleichgültig, ob Sie in einer Präsentation, in einem Meeting, einem Vortrag, einem Seminar oder vor Schülern reden:
Der Körper redet unablässig mit.

Wer einen starken Auftritt hinlegen möchte und andere von seinen Ideen überzeugen will, kommt nicht darum herum, die persönliche Körpersprache zu reflektieren und gezielt einzusetzen.

Einführung

Körperrhetorik ist eine Strategie, um die Wahrnehmung für die Körpersprache zu sensibilisieren. Sie ist ein Handwerkszeug, um die eigene Körpersprache zu reflektieren und gezielt in einer Rede einzusetzen. Sie ist die Kunst der Körpersprache, so wie die Rhetorik die Kunst der Sprache ist.

Sie werden viele neue Facetten dieser spannenden und doch so einfachen Sprache entdecken, um Ihre eigene Körpersprache auf ihre Wirkung hin überprüfen zu können.

Laut dem Kommunikationswissenschaftler Paul Watzlawick können wir nicht nicht wirken. Das ist für einen Redner von großer Bedeutung, denn 100 Prozent des ersten Eindrucks transportiert der Redner über seine Körpersprache. Da der erste Eindruck in Bruchteilen von Sekunden entsteht, ist dieser bereits entstanden, wenn der Redner zum Rednerplatz geht. Er steckt also schon in einer Schublade, wenn er noch kein einziges Wort gesprochen hat.

Körpersprache und Sprache gehören zusammen wie Tag und Nacht, Ein- und Ausatmen oder Sommer und Sonne.

Daher finden Sie im Anschluss an die einzelnen Kapitel Rhetoriktipps, mit denen Sie Ihr körperrhetorisches Wissen umsetzen können.

Zur besseren Verständlichkeit habe ich hier für Sie noch einige Anmerkungen:

1. Es ist gleichgültig, ob Sie in einer Präsentation, einem Vortrag, einem Meeting, einem Seminar oder vor Schülern reden: Ich verwende in der Regel den Begriff *Rede*. Und es geht immer um den Redner, der stehend seine Inhalte vor einer Gruppe Zuhörer vorträgt.
2. Bei der Körpersprache ist immer die konkrete Situation für die Wirkung eines Redners ausschlaggebend. Während Sie also bei sich zu Hause in der Regel machen können, was Sie wollen und wonach Ihnen gerade der Sinn steht, ist die Redesituation in der

Öffentlichkeit – wie sie im Buch beschrieben wird – immer eine Situation, die Konsequenzen nach sich zieht.
Wenn Sie Ihrem Partner mit offenem Hosenschlitz die Vorzüge des Kommunizierens darlegen, ist das etwas anderes, als wenn Sie das in einer Betriebsversammlung machen. Der tägliche Blick Ihrer Kollegen zu Ihrem Hosenstall, begleitet von einem süffisanten Lächeln, ist Ihnen in Zukunft sicher.
Die unterschiedlichen Situationen verändern also die Wahrnehmung der körpersprachlichen Signale und dadurch eben auch die Konsequenzen.

3. Wenn wir uns in bestimmten Situationen immer gleich verhalten, vertiefen und verinnerlichen wir bestimmte Bewegungen. Werden diese regelmäßig wiederholt, werden sie Bestandteile unserer Persönlichkeit.
Gehen Sie also künftig mit größeren Schritten als bisher durch die Welt, hat dies Auswirkungen auf Ihre persönliche Entwicklung. Sie treffen möglicherweise schnellere Entscheidungen und werden risikofreudiger.
Wir lernen eben auch von außen nach innen. Eine äußere, sich manifestierende Bewegung wirkt sich also auf unsere Psyche und somit auf unsere innere Einstellung aus.
4. Unsere Persönlichkeit beherbergt kunterbunte Facetten. Wir haben eine Art Theaterensemble in uns, das aus verschiedenen Darstellern mit unterschiedlichsten Rollen besteht. Um ein erfolgreicher und überzeugender Redner zu werden, müssen wir die Rolle des Redners aus uns herausholen und an den Bühnenrand stellen.
Wissenschaftler, Schnarchnasen und alle weiteren Kameraden, die sich nicht darstellen wollen und können, gehören aufs Sofa.
5. Laut der Zeitschrift *Manager Magazin* sind nur 12 Prozent der Zuhörer nach einem Vortrag begeistert. Das liegt wohl daran, dass vor einigen Jahren der Beamer-Virus über einen großen Teil der Geschäftswelt hereinbrach.
Der Beamer ist ein schickes Instrument, um Vorträge zu bebildern, wird aber nur in den seltensten Fällen beherrscht. Meist ist der Redner von der Technik befallen wie ein Körper von einem Virus:

Durch zu viele Folien, zu viel Text und zu viel von allem versäumt es der Redner, sich selbst überzeugend und persönlich darzustellen. Weniger Technik ist mehr Überzeugung!

6. In diesem Buch tauchen Begriffe wie *der Platzhirsch, der Extrovertierte* oder *der Redner* auf, die in unserer Sprache in der Regel in der männlichen Form verwendet werden. Selbstverständlich gibt es auch *Platzrehe, die Extrovertierte* oder *die Rednerin.*

1. Vorhang auf – der Auftritt

Alles, was wir über Rhetorik gelernt haben – und nach einem bekannten Rhetoriktrainer auch wieder vergessen sollten –, scheint sich in den letzten Sekunden vor einem Auftritt zu vermengen in ein undurchschaubares Potpourri aus konfusen Gedanken und Gefühlen[1]: »Hoffentlich überzeuge ich«, »Wie konnte ich mich nur darauf einlassen« oder »Ist mir schlecht« sind nur einige Zutaten dieses Potpourris.

Der Organismus zittert, die Nerven liegen blank, das Herz vibriert, Schweiß tritt aus Poren, aus denen er keinesfalls austreten sollte, und die Körpertemperatur scheint die normale Skala eines Thermometers längst überschritten zu haben. Muskeln ziehen sich zusammen und die Versorgung mit lebensnotwendigem Sauerstoff beginnt zu stocken. Das Gehirn wird dadurch leicht unterversorgt.

Der Moment des Auftritts, die Sequenz vom Erscheinen am Rednerplatz bis zum Zeitpunkt, an dem der Körper ruhiger wird, wird meist von seelischen Turbulenzen begleitet. In diesem Zustand kann sich niemand entspannt zurücklehnen, obwohl es genau das ist, was ein Redner in diesen Momenten machen möchte. Ja, wir wollen bei einem Vortrag entspannt und souverän wirken. Nur wenn uns das gelingt, haben wir eine Chance, unser Publikum von Beginn an zu überzeugen.

Wenn wir die Gründe kennen, weswegen wir aufgeregt sind, können wir das Maß an Aufregung deutlich reduzieren.

Um klar denken zu können, benötigt unser Gehirn Sauerstoff. Wenn es nicht ausreichend damit versorgt wird, bleiben unsere Gedanken auf der Strecke und der Blackout ist programmiert. So wie ein Motor sein Öl benötigt, um keinen Kolbenfresser zu bekommen, so benötigt das Gehirn Sauerstoff, um einem Blackout vorzubeugen. Hier hilft nur eins: Atmen.

Leidet ein Redner besonders stark unter Lampenfieber, sieht das Publikum ein Häufchen Elend, das anscheinend seine Souveränität an der Garderobe abgegeben hat. Einen dermaßen verunsicherten

Foto 1: Ist mir schlecht

ersten Eindruck beim Publikum zu machen, schmälert die Glaubwürdigkeit erheblich.

Durch welche Bewegungen entsteht eigentlich das Bild eines verkrampften oder angespannten Redners, und was können wir tun, um die Anspannung auf ein vernünftiges Maß zu reduzieren? Fragen, die sich beantworten lassen, wenn wir uns gemeinsam auf eine Exkursion begeben, in der wir die einzelnen körpersprachlichen Signale während eines Auftritts möglichst differenziert betrachten.

1.1 Lampenfieber als Aufputschmittel

Damit das Publikum in früheren Zeiten Schauspieler, Sänger oder Musiker überhaupt sehen konnte, standen Hunderte von Kerzen auf der Bühne. Dadurch wurde es den Darstellern schnell zu heiß. Und direkt vor der Aufführung wurde allen doppelt so heiß, denn nun stieg auch das Adrenalin. Da die Raumhitze und die innere Hitze sehr ähnlich waren, warf man beide in einen Topf und machte daraus das Lampenfieber.

Auswirkungen des Lampenfiebers

Jeder Redner, der in der Öffentlichkeit auftritt, ist mehr oder weniger vom Lampenfieber befallen. Ob er zu den großen Berühmtheiten der Oper zählt, zu den ungeliebten Politikern, den sich selbst feiernden Moderatoren, den Festrednern beim Schützenfest oder zu den Referendaren, die ihre ersten Schüler vor sich haben. Dieser Zustand setzt sich aus zahlreichen körperlichen Prozessen zusammen wie Herzrasen, Schweißausbrüchen oder undifferenzierten Hitzewallungen.

Hinzu kommen das Zittern der Hände und in der Stimme, Kurzatmigkeit, Heiserkeit und Schwindel, Durstattacken oder der Blackout.

Doch selten treten alle Symptome gleichzeitig auf. In den meisten Fällen wird der Redner von der Erscheinung geplagt, vor der er sich am meisten fürchtet: Sängerinnen wie Anna Netrebko oder

Avril Lavigne haben Angst, ihre Stimme zu verlieren, und werden heiser.

Bundespräsident Köhler fürchtet sich vor dem Zittern seiner Hände, die schließlich wie Espenlaub zittern, und andere Politiker haben Sorge, dass sie während ihrer Kampfrede Schweißflecken unter den Achseln produzieren, und bekommen sie genau an dieser Stelle.

Offensichtlich beginnt der ganze Spuk im Kopf. Diese Vermutung wird dadurch bestätigt, dass bei der Behandlung von extremem Lampenfieber Verhaltenstherapien erfolgreicher waren als Medikamente. Medikamente, die ähnliche Wirkstoffe wie eine Schlaftablette haben, wirken zwar gegen Lampenfieber, beeinträchtigen aber die Qualität eines Auftritts: Schneller, als ihm lieb ist, wird der Redner selbst zur Schlaftablette. Schlafattacken und Gähnwellen der Zuhörer gehören zu den Nebenwirkungen dieser vermeintlichen Heilmittel. Machen Sie jedoch ein Verhaltenstraining und haben Sie eine positive mentale Einstellung, müssen Sie sich nicht vor Nebenwirkungen fürchten, die Packungsbeilage beachten oder Ihren Arzt oder Apotheker fragen.

Lampenfieber ist ein Zustand, der in Maßen sehr motivierend auf das Publikum und auf uns selbst wirken kann. Um in die richtige Redestimmung zu kommen, benötigen wir das Lampenfieber als Aufputschmittel. Nur wer selbst brennt, kann andere entzünden! Dieser Spruch von Augustinus besagt: »Sei ruhig aufgeregt, aber sei auch von deinem Thema überzeugt!« Wenn wir das sind, schaffen wir es, als Redner Begeisterung und Engagement auch in unserer Körpersprache zu zeigen, und stecken die Zuhörer damit an.

Die Auftrittsängste

Keiner kann mit 40 Grad Fieber geistige Höchstleistungen erbringen. Bei einigen Rednern überschreitet das Lampenfieber jedoch die 40-Grad-Marke, wodurch der Auftritt zu einem Albtraum werden kann. Sehr starkes Lampenfieber wird häufig von Ängsten verursacht, die fast jeder mit sich herumträgt und die in den Köpfen oft jahrelang herumgeistern. Wovor oder vor wem kann man eigentlich

Angst haben? Nachfolgend liste ich Ihnen die Gründe auf, die lampenfiebergeplagte Redner am häufigsten nennen, und gebe Ihnen Tipps, wie sie damit umgehen können:

- Angst vor Vorgesetzten
  Vor Vorgesetzten, die anscheinend besonders aufmerksam Ihre Rede anhören, um Ihnen im Anschluss die Kündigung zu überreichen.
  Vorm geistigen Auge erscheint der Fuß des Chefs, der sich beängstigend nah auf das eigene Hinterteil zubewegt.
  Mein Tipp: Vorgesetzte sind auch nur Menschen. Noch nie ist einem Mitarbeiter wegen einer verhauenen Rede gekündigt worden.
  Bauen Sie die Ängste ab, die durch starkes Hierarchiedenken entstanden sind.
- Angst, sich im Thema nicht genügend auszukennen
  Und deswegen sogar von den eigenen Kollegen hinter vorgehaltener Hand ausgelacht zu werden. Worte wie Stümper oder Dilettant scheinen vor dem Auftritt als akustische Rauchschwaden im Raum zu hängen.

Mein Tipp: Reden Sie nie von Dingen, von denen Sie keine Ahnung haben.
Ansonsten ist die Vorbereitung schon die halbe Miete.

- Angst, kritisiert zu werden
  Und von unserem Publikum zerfleischt zu werden wie Roy von seinem weißen Tiger. Im Geist sehen wir die wichtigsten Entscheider vor uns sitzen. Diese wetzen bereits ihre Krallen, schlecken sich ihre Mäuler und gehen in die Hocke, um uns beim kleinsten Anlass anzufallen und in Stücke zu zerreißen.

Mein Tipp: Sehen Sie Kritik als Chance zur Weiterentwicklung. Nehmen Sie nicht alles persönlich, denn es ist vollkommen normal, dass nicht immer alle einer Meinung sind.

- Angst, sich schlecht auszudrücken
  Hierbei steigt uns schon beim Gedanken an stotternde Artikulationslaute und sabbernde Vokale eine hitzige Röte ins Gesicht, um sich mit der wenig charmanten Vorstellung eines roten Puters im Businesskostüm zu paaren.

Mein Tipp: Na und! Versprecher gibt's überall. Außerdem zeugt die Farbe rot vom Leben. Besser lebensrot als leichblass!

Um sich davon zu befreien, kann man verhaspelten Sätzen mit Schnalzlauten wie »blubeblub« ein Ende setzen. Auch ein »Ups« oder »das war nix«, kommen bei den Zuhörern gut an.

Körpersprachlich können Sie auch ein Gesicht ziehen, als hätten Sie soeben an einer Zitrone geleckt.

Selbstverständlich können Sie auch »Sorry« sagen, aber machen Sie nicht mehr daraus, als es ist und nehmen Sie es mit Humor.

- Angst vor einem Blackout

Wir sehen uns im Geiste wieder in der Grundschule nach Worten ringen, entdecken in den mitleidsvollen Gesichtern unserer Klassenkameraden eine verlegene Peinlichkeit, die mit der unheimlichen Stille schmerzender Wortlosigkeit verschmilzt.

Wir sehen Zensuren auf uns zumarschieren und der Anblick der vielen Sechser schmerzt.

Mein Tipp: Fragen Sie das Publikum oder einen Kollegen, an welcher Stelle Sie gerade hängen.

Sie können auch den letzten Satz wiederholen, der in der akustischen Pipeline schwebt und noch recht gut abrufbar ist.

- Angst vor vielen Zuhörern
  Vor Zuhörern, die sich anscheinend zu einer Masse gaffender und glotzender Menschen formieren, ähnlich denen, die im Auto mit Tempo 20 an einer Unglücksstelle vorbeischleichen, um ihre Sensationslust zu stillen.
  Mein Tipp: Mit Erfahrung und regelmäßigem Reden in der Öffentlichkeit gibt sich das von selbst.

Foto 2: Angst vor dem Blackout

Ansonsten suchen Sie das freundlichste Augenpaar und konzentrieren Sie sich in der ersten und schlimmsten Minute auf diese eine Person. Das ist ihr Freund.
Da es eine freundliche Person im Blickfeld hat, schaltet das Gehirn auf *keep cool* um. Das beruhigt.

- Angst vor technischen Pannen
  Bereits vor Beginn der Rede erscheinen weiße Lichtblitze im Augeninnern, die sich bei genauerer Betrachtung als kleine Explosionen herausstellen.
  Diese entstammen keinesfalls dem Mündungsfeuer des zuletzt gesehenen Bruce-Willis-Films, sondern vielmehr der synchronen Explosion von Beamerlampe, Laptopbildschirm und Overheadprojektor.
  Mein Tipp: Technisches Versagen wird meist von menschlichem Versagen ausgelöst. Anständige Technik kann gut vorbereitet werden.

Einen besonderen Auslöser für Lampenfieber sollten wir näher betrachten: den eigenen Ehrgeiz. Meist gut versteckt, verbirgt er sich hinter fast allen Ängsten. Die meisten Redner wollen eine gute und manchmal sogar eine 100-prozentige Leistung erbringen. Sie setzen sich selbst unter immensen Druck, um jedes Fehlverhalten zu verhindern. Und dieser innere Druck verhindert das ungezwungene Reden.

Kritik an einer Sache oder einem Menschen setzen viele immer noch mit Unvollkommenheit gleich und betrachten sie noch zu selten als eine Chance zur Weiterentwicklung. Übt ein Zuhörer wirklich Kritik, gibt es genügend Möglichkeiten, konstruktiv damit umzugehen.

Unterstützt wird der falsche Ehrgeiz dadurch, dass sich manche Redner unbewusst mit Helden aus dem Fernsehen vergleichen. Introvertierte Ingenieure, Techniker oder ungeübte Redner meinen dann plötzlich, dass sie es Gerhard Delling oder Monica Lierhaus aus der *Sportschau* gleichtun müssten. Mal ehrlich: Kein Mensch würde auf die Idee kommen, nach einem einwöchigen Isländisch-Sprachkurs akzentfrei sprechen zu können.

Durch diese zu hoch gegriffenen Vergleiche verstärken sich die Symptome des Lampenfiebers, da innerer Anspruch und Können einander möglicherweise nicht entsprechen. Professionelle Entertainer haben das Reden vor einem Millionenpublikum zu ihrem Job gemacht. Der normale Redner spricht nicht hauptberuflich, sondern parallel zum Tagesgeschäft. Das bringt ihm zwar Prestige, jedoch keinen Heller ein. Setzen Sie sich also nicht selbst unnötig unter Druck, und seien Sie so gut, wie Sie es eingeübt haben. In der Öffentlichkeit oder im eigenen Unternehmen Reden zu halten, schüttelt niemand aus dem Ärmel, das muss geübt werden. Das macht jeder Profi!

Stellen Sie sich nur mal unsere elf Freunde vor: Sie üben den lieben langen Tag nichts anderes, als das Runde ins Eckige zu befördern. Und das aus jeder Position.

Wenn Sie sehr kurzfristig eine Rede halten müssen, haben Sie zwei Möglichkeiten: Lehnen Sie ab oder setzen Sie Prioritäten. Seien Sie sich im Klaren darüber, dass Sie für eine Rede Vorbereitungszeit benötigen. Wenn Sie die Aufgabe annehmen, verlassen Sie Ihren Arbeitsplatz oder das Tagesgeschäft früher als gewöhnlich und bereiten Sie sich an einem ungestörten Ort vor. Rhetorische Redestrukturen sind zusätzliche und unentbehrliche Helfer, um kurzfristig und doch verständlich und glaubhaft aufzutreten (siehe Rhetoriktipp).

Fazit

Kaum ein Zuhörer ist so niederträchtig, den Redner in ungewohnten Redesituationen zu verhöhnen.

Die meisten Zuhörer haben Einwände oder Fragen, auf die wir uns vorbereiten können. Vorausgesetzt, wir kennen uns im Thema aus.

Tipps gegen Lampenfieber

Außer der positiven Einstellung des Redners helfen verschiedene Entspannungsmethoden, unser Lampenfieber zu senken. Allerdings brauchen diese Methoden etwas Zeit, um zu wirken. Autogenes Training und progressive Muskelentspannung nach Jacobsen gehören ebenso dazu wie Meditation für Stressgeplagte.[2]

Eine weitere gute Möglichkeit, Lampenfieber oder Stress abzubauen, ist körperliche Bewegung. Knöpfen Sie sich vor Ihrem nächsten öffentlichen Auftritt das Treppenhaus vor. Jedes Haus hat ein Treppenhaus! Wie viele Stockwerke Sie dann hoch- und runterjoggen, hängt von Ihrer Kondition ab. Beachten Sie hierbei allerdings die damit einhergehende Schweißproduktion oder Atemlosigkeit.

Vor einem Vortrag einen zügigen Spaziergang zu machen und sich dabei komplett in die Natur zu versenken, ist ebenfalls eine gute Möglichkeit, sich zu beruhigen. Ein blühender Rhododendronstrauch kann dann ebenso zum Objekt Ihrer Wahl zählen wie ein wehender Birken- oder Weidenzweig.

Sich bei Stress zu bewegen, macht Sinn, denn Stress wird über Bewegung abgebaut. Denken Sie nur an wippende Fußspitzen, trommelnde Finger oder zwinkernde Augen. Alles winzige Versuche des Körpers, angestauten Stress über Bewegung loszuwerden. Stress ist eine Reaktion des Körpers auf Gefahr und gehört zu einer der vielen Ur-Softwares, die uns dabei unterstützen, in dieser Welt zu überleben.

Exkurs: Ur-Software

Als unsere Vorfahren ganzkörperbehaart, also noch mit ihren Naturpullis, durch die Gegend zogen, hier und da ein Wild erlegten und Beeren sammelten, gab es eine Menge wilder Tiere. Beispielsweise die Urlöwen mit langen furchteinflößenden Säbelzähnen, die dem Menschen schnell und effektiv den Garaus machen konnten. In solchen Situationen waren unsere Vorväter auf eine Art Kick-down oder ein Turbolampenfieber angewiesen. Durch diesen Kick-down stellt der Körper innerhalb kürzester Zeit auf *Höchstleistung* um. Im Fall der Säbelzahnbegegnung gab es keine Alternative, außer sich so schnell wie möglich auf einen Baum zu flüchten. Trottete allerdings nur eine Miniaturvariante des Urlöwen vorbei, so etwas wie ein

Patriofelis, ein Urkätzchen, holten unsere Vorfahren ihre Speere heraus und kämpften. Die Chance auf ein Abendessen wurde seit jeher gerne wahrgenommen.

Da der Mensch immer noch ungemein viel von diesem intuitiven Überlebenswissen in sich trägt, geht er stellvertretend fürs Kämpfen oder Fliehen heute lieber joggen oder Baseball spielen, anstatt sich zu prügeln. Sich zu bewegen, ist also seit jeher der effektivste Stressabbauer.

Haben Sie viel Stress, ist es sinnvoll, sich viel zu bewegen; was natürlich nicht in jeder Situation gesellschaftsfähig ist. Es würde merkwürdig aussehen, wenn wir bei jeder Gefahrensituation einfach davonrennen würden. Es ist nicht mehr gesellschaftsfähig, sich auf den nächsten Aktenschrank zu schwingen, wenn jemand von der Finanzbehörde das Büro betritt. Auch ist es nicht mehr zeitgemäß, unseren Kollegen an der Krawatte auf den Boden zu zerren und dabei die Zähne zu fletschen, anstatt mit ihm zu reden. Auch wenn er uns nur bitten wollte, die Kaffeetasse wegzuräumen, die wir täglich in der Küchenspüle stehen lassen, ist dies kein Grund, ihn deswegen anzufallen.

Wir haben es mehr oder weniger gut gelernt, uns über den Verstand und über das Reden in einem Konflikt auseinanderzusezten. Spätestens seit Schulz von Thun wissen wir, was *Miteinanderreden* Großartiges bewirken kann.[3]

Der eigentliche Auftrittsstress, verbunden mit dem Herzrasen, Zittern und so weiter, hat sich mit diesem Exkurs leider noch nicht erledigt, da diese Urmechanismen sich nicht einfach über Bord werfen lassen. Man kann wirklich nicht erwarten, dass der Körper von jetzt auf gleich eine neue Software updatet und ein Programm über Bord wirft, das über 30.000 Jahre hervorragend funktioniert hat. Wir können aber alte Erfahrungen mit neuen überdecken.

Wenn wir nach dem Griff zum Zuckerstreuer, der eigentlich ein Salzstreuer war, den Zucker auf der Zunge spüren, vergessen wir auch den salzigen Geschmack, der uns noch Sekunden vorher Übelkeit im Magen und Flüche auf der Zunge verursachte.

Noch heute kämpfen und flüchten wir bei Stress. Mit einem wachen und geschulten Auge kann man diesen Drang zu kämpfen oder zu fliehen an kleinen Intentionsbewegungen des Körpers erkennen: Da ballt die Chefin vor Beginn unserer Rede schon mal die Fäuste, kneift die Augen zusammen, bläht den Oberkörper auf und presst die Backenzähne aufeinander – eine Kampfansage. Nur weil sie soeben erfuhr, dass ihr Mitarbeiter sich nicht ausreichend auf die anstehende Rede vorbereitet hat und nur die Zahlen vom vorigen Jahr vorlegen kann.

Oder ein Kollege dreht sich mit verschränkten Armen aus unserem gemeinsamen Kommunikationsraum heraus, lehnt sich an eine unsichtbare Glaswand zurück und schaut dabei entnervt zur Tür – ein Fluchtgedanke – und das mitten in unserer Rede.

Es kommt heute nicht mehr so schnell zu körperlichen Kämpfen oder zu Fluchtattacken. Der Körper befindet sich in kritischen Situationen, ist aber darauf vorbereitet. Diese Vorbereitung oder dieser Kick-down bringt unseren Mechanismus auf Hochtouren, der sich in den meisten Fällen allerdings nicht mehr abreagieren kann, da der Mensch sich in vielen Berufssparten physisch nicht mehr ausreichend bewegt.

Der Körper laviert sich somit über den Verstand aus diesem Stresszustand wieder heraus. Wie schon erwähnt, benötigt das eine Weile und funktioniert bei Dauerstress kaum. Die ständige Betätigung dieses Kick-downs ohne anschließende körperliche Bewegung führt übrigens auf Dauer zu Krankheiten wie Herz-, Kopf- oder Magenbeschwerden. Im Sprachgebrauch der Stressgefährdeten heißt es dann: Das schlägt mir auf den Magen, das schnürt mir die Kehle zu oder das lässt mir keine Luft zum Atmen.

Mit dem Wissen, dass Bewegung Stress abbaut, ist es doch ein Leichtes, sich vor der Rede zu bewegen. Zur Not kann man auch auf der Stelle hüpfen.

Am allerbesten ist es natürlich, wenn Sie dem Stress gar nicht erst die Tür öffnen. Das nennt man dann gelassen sein und ist letztendlich die Folge einer guten Vorbereitung, ausreichender Erfahrung und einer anständigen Portion Selbstbewusstsein.

Fazit

Um die Leser zu beruhigen, die sehr stark unter den Symptomen des Lampenfiebers leiden: Mit einer positiven Einstellung und natürlich durch das wiederholte Reden vor der Öffentlichkeit lässt der Stress mit der Zeit nach. Sie werden sich sogar auf die Blumen freuen: Yes – geschafft! Und Sie werden sogar an einen Punkt kommen, an dem Sie das Lampenfieber vermissen, denn in Maßen ist es ein sehr schönes Gefühl – lebendig und euphorisierend.

Foto 3: Yes – geschafft!

Die meisten Redner kämpfen übrigens mit ähnlichen Problemen wie Sie, was für den einen oder anderen von Ihnen zusätzlich beruhigend ist. Seien Sie selbstbewusst und stehen Sie zu Ihren kleinen Unvollkommenheiten!

Meine Tipps
• Finden Sie Ihre persönlichen Sprechängste heraus. • Überprüfen Sie diese auf deren Berechtigung. • Üben Sie sich in Selbstbejahung. • Bereiten Sie sich ausreichend vor. • Ergreifen Sie jede Gelegenheit zu üben. • Essen Sie vor dem Auftritt nur eine Kleinigkeit. • Nutzen Sie die Wirkung von Bewegung- oder Entspannungsübungen. • Bedenken Sie: Zuhörer sind auch nur Menschen. • Schauen Sie am Beginn stets die freundlichen Zuhörer an.

1.2 Spießrutenlauf oder roter Teppich – die Bewegungsdynamik

Kaum ein körpersprachliches Signal hat so viel Aussagekraft und vor allem eine so ehrliche Aussage wie die Bewegungsdynamik.

Vergleichen wir einen sitzenden Rennfahrer mit einem gehenden Rennfahrer, so können wir deutlich mehr persönliche Neigungen und Eigenschaften an dem gehenden Rennfahrer entdecken. Steigt der neue Stern von McLaren-Mercedes, Lewis Hamilton, aus seinem Auto, wird klar, warum die Zeitung *Motorsport* diesem kleinen Rennirrwisch Attribute wie risikofreudig, zweikampfstark und unbekümmert zuschreibt. Zu sehen sind diese Eigenschaften an seiner Bewegungsdynamik: Seine Schritte sind auffallend groß und er nutzt seine Arme reichlich als Anschwunggeber. Das hat wohl schon Teamchef Ron Dennis gesehen, als der zehnjährige Hamilton ihn bei einem Rennen fragte, ob er, wenn er groß sei, auch Rennfahrer bei McLaren werden dürfe.

Dass wir durch den Gang, also die Bewegungsdynamik eines Menschen, so viel Aufschlussreiches erfahren, liegt daran, dass sie vollkommen unbewusst abläuft. Die Bewegungsdynamik setzt sich zusammen aus der Fußstellung, der Schrittgröße, dem Tempo, der gesamten Aufrichtung und der Bewegung der Arme. Bei Rednerinnen wirkt die Hüftbewegung ebenfalls auf das Publikum. Wir können also über die Bewegungsdynamik mehr positive Wirkung erzielen, als uns bewusst ist.

Wenn wir einige kleine Regeln beachten, werden wir als Redner eine noch stärkere und vor allem eine noch präsentere Wirkung erzielen, als wenn wir uns wie unsere eigene Großmutter bewegen, die sich nach einem mühsamen Tag aufs Sofa setzt.

Bodenhaftung – die Rednerfüße

Die Beobachtung des Redners fängt bei seinen Füßen an. Bei sehr starker Anspannung kann es dem Redner passieren, dass er sich nicht nur bis zur Haarwurzel, sondern auch bis zu seinen Zehenspitzen verkrampft. Hierdurch können sich die Fußspitzen nach innen bewegen. Auf den Betrachter wirkt dies, als würde der Redner über den großen Onkel laufen. Dieselbe Wirkung entsteht übrigens, wenn die Füße gerade aufgesetzt werden, die Fußspitzen also geradeaus zeigen. In beiden Fällen wirkt der Redner schüchtern und nicht selbstbewusst.

Diese zwei Eigenschaften sind das Letzte, was ein Redner braucht. Aus diesem Grund handeln die folgenden Seiten von einer der wichtigsten Fähigkeiten des Redners, nämlich vom selbstbewussten Gehen.

Das erste Merkmal sind die Fußspitzen. Sie sollten nach außen zeigen.

Wer selbstbewusst auftritt und unverhohlen zeigt, was er hat, nämlich eine nach außen gedrehte, sensible und verletzbare Seite, hat anscheinend nichts zu verstecken. Das wirkt vertrauensvoll und überzeugend.

Des Weiteren wirken selbstbewusste Menschen stark und dominant, was dem Publikum signalisiert: Der Redner weiß, was er will, er hat Ahnung von seinen Themen, die Zuhörer können ihm glauben. Das führt uns wieder zu dem Begriff *Vertrauen.* Diese Einstellung oder dieses Gefühl, dem Redner vertrauen zu können, ist eine weitere Grundvoraussetzung, um andere Menschen zu überzeugen.

Foto 4: Schüchtern

Foto 5: Selbstbewusster Gang

Unsicherheit bewirkt, dass unsere Füße in brenzligen Situationen des Auftritts verstärkt Bodenkontakt suchen. Das Gegenteil dieses Verhaltens macht es deutlich: Wenn sich Kinder angstfrei fühlen und fröhlich sind, fangen sie an zu hüpfen; wenn Verliebte sich aufeinanderzubewegen, scheinen sie zu schweben. Sicherheit verleiht uns Flügel, zumindest emotional.

Unsicherheit zieht uns auf die Erde. Was ist sicherer als unsere Muttererde, auf der wir gehen und stehen? Gut zu beobachten ist das, wenn man nach einer Seereise als sogenannte Landratte von einem Schiff heruntertorkelt. Wie froh ist man im Moment der Bodenhaftung, wenn die Füße die Erde berühren! Das plötzliche Stolpern eines Redners ist also ein Zeichen dafür, dass die Bewegungsgewohnheit gerade aus dem Ruder läuft. Die Füße haben sich im Vorwärtsgang nicht genügend gehoben, da sie den sicheren Boden nicht verlassen wollten.

Risikofreudig – die Schrittgröße

Auch die verkleinerte Schrittgröße bringt uns nicht nur Vorteile: Stellen Sie sich einen Indianer vor. Winnetou oder Abahachi, der sich gerade an das Lager der Sioux oder an die belagerte Ponderosa heranpirscht. Statt große Schritte zu machen, pirscht er sich in dieser angespannten Situation mit kleinen und sehr vorsichtigen Schritten heran. Zuhörer sind keine Feinde, aber diesen kleinen Unterschied macht der Körper nicht. Die Info lautet schlicht und ergreifend: Gefahr! Hierbei ist es gleichgültig, ob Indianer, Kollegen oder Kunden im Publikum sitzen. Machen Sie also eher große als zu kleine Schritte, wenn Sie über den roten Teppich laufen, denn große Schritte erscheinen risikofreudig. Auf dem Foto kongruent dargestellt, denn sogar der Zeigefinger zeigt in die Zielrichtung.

Dies ist immer dann anzuraten, wenn Sie einen besonders langen Weg zum Rednerplatz haben, was häufig der Fall ist. Der Vortragende sitzt, vor allem wenn er Vorredner hat, meist in der ersten Reihe und hat einen langen Weg vor sich. Dieser Spießrutenlauf steht unter hundertprozentiger Beobachtung und sollte möglichst souverän abgeschritten werden.

Foto 6: Risikofreudig mit großen Schritten

Unser kleiner Ex-Bundeskanzler Gerhard Schröder hat sich übrigens mit verhältnismäßig großen Schritten durchs Kanzleramt bewegt. Er galt als risikofreudig.

Versetzen Sie sich im Moment des Auftritts in die Rolle eines Königs oder einer Königin, die über einen roten Teppich zum Rednerplatz schreitet. Machen Sie aus Ihrer Gewohnheit heraus kleine Schritte, wirken Sie zwar detailorientiert, aber auch ängstlich, was unvorteilhaft wirkt. Vor allem wenn sich weitere Signale von Ängstlichkeit hinzugesellen. Das sind der Blick zum Teppich oder die eng am Körper anliegenden Arme.

Exkurs: Anspannung und Entspannung

Der Zusammenhang von Anspannung und Entspannung hilft Ihnen als Redner dabei, Mechanismen des Körpers noch besser zu verstehen:

Wenn wir unsicher sind, ziehen sich unsere Muskeln zum Schutz vor äußeren Einwirkungen zusammen. Das kennt jeder, der ab und zu einen Spaßkampf mit Söhnen, Freunden oder Fahrradkurieren hat. Bei jedem zu erwartenden Schlag auf den Bizeps spannt sich dieser gewaltig an, um dem Schmerz und den blauen Flecken zu entgehen.

Im Prinzip geschieht beim Redner genau dasselbe. Die Muskeln ziehen sich aufgrund eines Schutzmechanismus zusammen. Mit der falschen und negativen mentalen Einstellung erwarten wir schon beim Auftritt den Gegenschlag und wollen uns mit diesem Mechanismus vor bösen Zungen, faulen Eiern oder anderen gemeinen Attacken schützen. Fühlen wir uns aber sicher und vorbereitet, entspannen sich unsere Muskeln sehr viel schneller, da sie ja keinen Grund haben, den Körper zu schützen. Das wirkt präsent.

Engagiert oder gediegen – das Tempo

Auch das Tempo, mit dem wir uns als Redner zum Rednerplatz bewegen, hinterlässt einen ersten Eindruck bei unseren Zuhörern. Durch den Auftrittsstress beschleunigen sich bei einigen Rednern die Schritte. Dies kann auf das Publikum gehetzt wirken. Allerdings nur, wenn der Redner dabei auch die Augen aufreißt und ihm der wenig glorreiche Gedanke »Hoffentlich bin ich schnell wieder weg« von seiner Mimik abzulesen ist. Lächelt der Redner hingegen und schwingen seine Arme locker im Gleichmaß der Schritte mit, wirkt ein flotter Gang zielstrebig und engagiert.

Andere Redner verlangsamen ihre Schrittgeschwindigkeit dermaßen, dass man denken könnte, sie würden eigentlich, halt irgendwie, gerne woanders hingehen als zum Rednerplatz. Vor allem wenn sie den Blickkontakt vermeiden und die Arme an den Oberkörper klemmen. Wenn der Redner sich mit sehr aufmerksamem Blick, freundlicher Mimik und gemächlichem Tempo dem Rednerplatz nähert, kann dies sehr souverän und gediegen wirken.

Hüftschwung – die Hüften und der Po

Wandern wir mit dem Blick von den Füßen weiter nach oben, stoßen wir auf die Hüften des Redners. Anspannung und Entspannung sind auch hier wahrnehmbar, wobei an dieser Stelle ein kleiner Unterschied der Geschlechter deutlich wird: Männer haben im Allgemeinen steifere Hüften als Frauen. Das bedeutet für den Gang zum Rednerplatz, dass sich die meisten Männer recht steif dorthin begeben, damit aber nicht weiter auffallen, da sie ja immer so gehen. Frauen wirken verspannt und nicht sehr aktiv, wenn sie ihre Hüften wegen zu großer Anspannung festhalten. Das kann spröde wirken, vor allem dann, wenn sie wie zehn Tage Regenwetter gucken und einen krummen Rücken haben, also nicht aufrecht gehen. Das heißt nicht, dass sich Frauen wie das viktorianische mürrische Nagetier aus England zum Rednerplatz bewegen sollten und ihr Hinterteil dabei Kapriolen von links nach rechts schlagen sollte.[4] Es sei denn, Sie halten im Hamburger Erotic Art Museum einen Vortrag über moderne Sexpraktiken unter Berücksichtigung der Sternzeichen. Dann ist dies natürlich erwünscht und trägt entscheidend zur Authentizität Ihres Auftritts bei.

Bewegen sich Frauen mit losgelassenem Becken zum Rednerplatz, kommt das bei Männern meist gut an. Bei anderen Frauen weniger, denn durch dieses körpersprachliche Signal kann sich der Neidfaktor erhöhen.

Wenn Körpersprache und Sprache übereinstimmen, wirken Redner kongruent und somit authentisch und glaubhaft. Zu bedenken ist immer, dass wir die Zielgruppe im Auge behalten, wenn wir öffentliche Reden halten. Es ist also erfolgversprechend, wenn Sie sich nicht nur inhaltlich an die Zielgruppe, sondern auch körpersprachlich an den Inhalt anpassen.

Aufrichtig – der Oberkörper

Der Oberkörper, den wir in Verbindung zum Gang jetzt genauer betrachten, ist am stärksten dafür verantwortlich, dass wir Selbstbewusstsein ausstrahlen.

Wenn er aufrecht ist, signalisiert dies wie keine andere Körperregion den Ausdruck von Stärke und eine aufrichtige Persönlichkeit. Natürlich können wir immer mehrere Signale an einem Menschen wahrnehmen. Auf Foto 7 wird zwar Aufrichtigkeit demonstriert, dem genauen Beobachter werden aber die nach hinten gedrehten Arme auffallen, wodurch die unsensiblen Seiten nach vorne zeigen. Körpersprache auf Fotos nachzustellen, ist eben doch schwerer, als man denkt!

Dass wir als Publikum diese Körperregion überhaupt in den Blickpunkt rücken, liegt wohl daran, dass sich dort unser Herz befindet und wir auch heute noch darauf Wert legen, dass der Redner sein Herz am rechten Fleck hat. Wer sein Herz und sein Inneres ohne Scheu und voller Selbstbewusstsein herzeigt, wird als mutig eingestuft. Wer es versteckt, also die introvertierten Redner, bei denen der Brustkorb auch noch zusammengesunken ist, muss es anscheinend schützen und wirkt somit schwächlich oder nicht selbstbewusst.

Ob aufgerichtete Menschen tatsächlich selbstbewusst sind oder nur so tun, spielt bei der ersten Begegnung überhaupt keine Rolle, denn hier zählt nur die Wirkung. Selbstverständlich kann auch ein introvertierter Redner selbstbewusst sein. Wenn die Zuhörer dies aber nicht bemerken, kann er sich den Auftritt sparen.

Foto 7: Aufrichtig, aber verschlossen

Foto 8: Ein Schwächling

Exkurs: Wirkung contra Sein

In unser tägliches Verhalten haben sich einige Mechanismen aus unserer Kinder- und Jugendzeit eingeschlichen: Die Tochter ahmt ihre Mutter nach und hat dann den gleichen Watschelgang. Der Sohn ahmt den Vater nach und macht sich möglicherweise genauso krumm.

Auch gibt es eine Reihe von Gebrechen, die unsere Körpersprache stark verändern können und keinesfalls auf die innere Haltung oder gar auf einen Charakterzug schließen lassen. Das Rückenleiden Morbus Bechterew, die klassische Schilddrüsenerkrankung und Hüftschäden sind nur einige Beispiele dafür, dass Menschen aufgrund einer Erkrankung eine entsprechende Körpersprache besitzen. Der Rückengeplagte ist aufgrund seiner Krankheit krumm, der Schilddrüsenkranke hält seinen Kopf permanent zu hoch und wirkt dadurch arrogant und der Redner mit dem Hüftschaden watschelt scheinbar gutmütig zur Bühne.

Oder bedenken Sie, wie oft gerade Männer in ihrem Leben Kühlschränke, Waschmaschinen und Wickelkommoden durchs Treppenhaus geschleppt haben und sich dadurch Leistenbrüche, Bandscheibenvorfälle und Ähnliches zugezogen haben. Das macht krumm. Zusätzlich liegt immer noch die finanzielle Last, die eigene Familie zu ernähren, auf den Schultern des Mannes – was sich allerdings momentan verändert.

Von Frauen erwartet die Gesellschaft immer noch, dass sie aufrecht und charmant sind. Sind sie es nicht, wirken sie doppelt so schwächlich wie ein Mann, da diesem der krumme Rücken wegen starker körperlicher Belastung eher zugestanden wird. Das wiederum hängt mit der leicht antiquierten und doch üblichen Auffassung zusammen, dass Frauen schön, bezaubernd und weiblich sein müssen und Männer arbeitsam, männlich und reich. Hieran kann man sehr gut erkennen, wie stark die gesellschaftliche Sozialisierung die Wahrnehmung der Körpersprache prägt.

Über diese schlauen und hilfreichen Erklärungen, über Nachahmende, Kranke oder Geplagte macht sich kein einziger Zuhörer Gedanken. Das Einzige, was zählt, ist die Wirkung und nicht das Sein.

Handlungsfähig – die Arme

Auch die Armbewegungen, die beim Gehen entstehen, spielen eine gewisse Rolle, wenn es um die Wirkung nach außen geht.

In alltäglichen Situationen, wie beispielsweise auf dem Weg zum Kiosk, schwingen unsere Arme meist sanft und im Rhythmus der Schritte vor und zurück. Sind wir aber beim Auftritt durch übermäßige Anspannungen verkrampft, heften sich unsere Arme mit Vorliebe an die Seiten unseres Oberkörpers. Das wirkt verklemmt und gehemmt. Und warum tun unsere Arme das? Weil Sie dadurch den seitlichen Brustbereich schützen können. Also aus demselben Mechanismus heraus, den Sie bei den kleinen Schritten und den Indianern schon kennengelernt haben: Gefahr! Ich muss mich schützen!

Wenn Sie gut vorbereitet sind, haben Sie keinen Grund, sich zu schützen. Lassen Sie ihre Arme einfach locker, wodurch Sie eine äußerst handlungsorientierte und entspannte Wirkung erzielen.

Mein Tipp

Wenn Sie das nächste Mal in die Kantine oder zum Kiosk gehen, probieren Sie die folgenden Hinweise einmal aus. Versuchen Sie, sich am Anfang nur auf einen oder zwei Hinweise zu konzentrieren, und nehmen Sie von Mal zu Mal einen weiteren hinzu. Um den Unterschied zu spüren, experimentieren Sie auch mal mit den Gegensätzen, wie beispielsweise Fußspitzen beim Gehen nach innen drehen, die Arme festhalten oder den Oberkörper einsinken lassen. Das verdeutlicht Ihnen schnell den kleinen, aber sichtbaren Unterschied.

Wenn Sie den Unterschied der einzelnen Signale herausgespürt haben, können Sie einen Auftritt vor Ihrem Spiegel zum Besten geben. Der Spiegel hilft Ihnen, die Bewegungen visuell zu überprüfen. Übertreiben Sie dabei ruhig. Das Einzige, was Ihnen passieren kann, ist, dass Sie über sich selbst lachen. Außerdem können Sie nach Ihrer nächsten Rede einen Vertrauten fragen, ob Ihre Anspannung zu sehen war. Wenn er das verneint, verringert sich nach einer Weile nur durch dieses Feedback Ihre mentale und somit auch Ihre körpersprachliche Anspannung.

Selbstbewusst und souverän wirken

Jeder Redner möchte selbstbewusst und souverän wirken. Hier die Zusammenfassung des vorangegangenen Abschnitts:

1. Tipp:
Denken Sie von vornherein an einen gelungenen Auftritt:
wie Sie zum Beispiel nach Ihrem Auftritt an Ihren Platz zurückgehen und Begeisterungsstürme über Sie hinwegrollen.
2. Tipp:
Machen Sie lieber große als zu kleine Schritte. Mental bedeutet das für den Redner: Je sicherer er in seinem Thema ist und je weniger Gegenwind er erwartet, desto weniger angespannt ist er und desto normaler ist seine Schrittgröße.
3. Tipp:
Drehen Sie Ihre Füße leicht nach außen. Sie müssen ja nicht gleich wie Charlie Chaplin gehen. Eine kleine Drehung ist bereits ausreichend.
4. Tipp:
Lassen Sie die Hüften locker schwingen und richten Sie den Oberkörper auf. Schulterblätter zusammen- und Schultern nach unten ziehen.
Nicht überdehnen, denn das wirkt aufgeblasen.
5. Tipp:
Schütteln Sie vor dem Losgehen kurz die Arme aus, denn dann schwingen sie beim Auftritt von alleine mit. Das wirkt handlungsorientiert und entspannt.

Mit Übungen, automatisch und selbstsicher zum Rednerplatz zu gehen, steigern Sie Ihre Überzeugungskraft schon zu Beginn einer Rede um ein Vielfaches. Geben Sie Ihrem Körper die Chance, das Gelesene zu automatisieren und zu verinnerlichen. Schalten Sie von Handsteuerung auf Automatik um! Ein Stabhochspringer denkt beim Weltrekordversuch ganz sicher nicht über die 33 Bewegungsabläufe nach, die er gleich vollziehen wird. Er hat geübt, geübt und geübt. Vor dem Auftritt geht er mental das Wichtigste durch. Er macht sich locker, klatscht das Publikum im Stadion an und springt dann voll auf das Ziel konzentriert über seinen Stab. Die Bewegungsabläufe hat er automatisiert und verinnerlicht.

Fazit

Nach diesem körpersprachlichen Exkurs könnte man denken: Alle Redner, die diese Tipps befolgen, gleichen sich beim Auftritt. Das ist nicht der Fall!

Der erste Eindruck, den wir beim Publikum hinterlassen, hängt von vielen, fast zeitgleich gesendeten Signalen ab. Ich nenne dieses Aneinanderreihen von Signalen Signalketten. Diese Signalketten sind bei jedem Menschen unterschiedlich und wirken sehr individuell auf das Publikum. Das wird deutlich, wenn wir bedenken, dass sechs Milliarden Erdenbürger zwei Beine, zwei Arme, einen Rumpf und einen Kopf besitzen und doch keiner dem anderen gleicht. Ähnlich einer Telefonnummer, die aus zehn Ziffern besteht und über die wir Millionen Kontakte aufbauen können.

1.3 Authentisch auftreten durch Körperrhetorik

Jeder Lernende, der etwas an sich und an seinen Fähigkeiten verändern möchte, *erscheint* seiner Umwelt in der Übungsphase alles andere als authentisch. Wenn ein introvertierter Ingenieur nach der Lektüre dieses Buches plötzlich weite Gesten macht, nach jedem Satz seine Faust ballt und dabei vom einen zum anderen Ende der Bühne läuft, ist das nicht mehr authentisch. Wenn er aber nach und nach versucht, seine geliebte und unbewegliche Stellung am Rednerplatz aufzugeben, statt negative neutrale Gesten zeigt und wenn er beim Sprechen auch mal locker in die Runde schaut, dann ist dieser Ingenieur immer noch der Gleiche, außer dass er sich nun präsenter verhält.

Wer neu Gelerntes nach einer Weile durch die Körperrhetorik verinnerlicht, ist selbstverständlich authentisch! Es kann vorkommen, dass Kollegen uns brüskiert fragen, ob alles in Ordnung ist, nur weil wir etwas an unserer Körpersprache verändert haben. Unsere Umwelt hat es nicht so gerne, wenn wir uns verändern, denn dann muss sie uns neu einschätzen und sortieren. Lassen Sie sich dadurch nicht ablenken und bleiben Sie dran!

Außerdem decken einige bei der Arbeit mit Körperrhetorik auch unauthentisches Verhalten auf, das sich irgendwann einmal in ihr eigenes Kommunikationsrepertoire eingeschlichen hat. So bemerkt so mancher, dass er sich angewöhnt hat, über den großen Onkel zu laufen – obwohl er sich gar nicht unsicher fühlt. Das wirkt nicht gerade authentisch. Das sind dann Momente, in denen wir die Welt nicht mehr verstehen. Da springt man beispielsweise einer Kollegin zur Seite, weil sie gerade von ihrem Chef einen Anschiss bekommen hat. Und das nur, weil man der Meinung ist, diese Kollegin sei schwach und man müsse ihr helfen. Die meint aber – für uns in diesem Moment vollkommen unverständlich –, dass wir uns um unsere eigenen Angelegenheiten kümmern sollten und dass sie sich alleine verteidigen könnte. Sie ist also eigentlich stark und selbstbewusst. So ein Verhalten ist genau so unauthentisch, als würde ein Profiler nur heiße Luft produzieren und sich als dominant verkaufen.

1.4 Rhetoriktipp

Um sich sicher und souverän zu fühlen und das Lampenfieber auf ein erträgliches Maß zu reduzieren, ist es wichtig, sich auch inhaltlich gut auf eine Rede vorzubereiten. Zu den kleinen rhetorischen Hilfen gehört die folgende Punktesammlung.

Vorbereitung und Rahmenbedingungen einer Rede

Inhaltlich

1. Was sind der Anlass und das Ziel der Rede?
   Zum Beispiel: Vorstellung oder Verkauf eines neuen Produkts
2. Welchen Nutzen hat die Zuhörerschaft von der Rede?
   Zum Beispiel: Wissen oder Gewinnmaximierung

3. Welchen Nutzen hat Ihr Unternehmen von Ihrer Rede?
   Zum Beispiel: Umsatzsteigerung
4. Welche Einwände kann es geben?
   Zum Beispiel: Zu teuer
5. Welche Argumente stehen Ihnen zur Verfügung?
6. Welche Mitbewerber haben Sie?
7. Welche Zielgruppe hört Ihnen zu?
   Zum Beispiel: Laien, Fachpublikum, Kollegen oder Vorgesetzte

Organisatorisch

1. Wie viele Menschen hören zu?
2. Wie viel Zeit steht zur Verfügung?
3. Um welche Uhrzeit findet die Rede statt?
4. Wie sind der Raum und seine Begebenheiten?
5. Welche Technik benötigen Sie?

Mein Tipp
Klären Sie vor einer Rede die genannten Punkte, indem Sie sie schriftlich fixieren.

Aufbau einer Rede – die Grundstruktur

Es gibt unterschiedliche Strukturen für eine Rede. Die wichtigste ist eine Grundstruktur, auf der alle anderen aufbauen. Also die *Mutter aller Strukturen.*

1. Einleitung

- Begrüßung
- Vorstellung
- Thema
- Ziel
- Agenda

2. Hauptteil

- Der gesamte Inhalt
- Zuhörer einbeziehen
- Zuhörer selbst etwas tun lassen (beispielsweise Prospekte oder Handouts aufschlagen oder mitschreiben lassen)
- Visualisierung durch Beamer, Overheadprojektor, Tafel, Flipchart oder Moderationswand

3. Schluss

- Zusammenfassung
- Fazit
- Ausblick
- Aufgaben verteilen
- Zielkontrolle ankündigen
- Appell zum Handeln: auffordern, appellieren, aufmuntern, ermahnen
- Dank

2. Reines Beziehungsmanagement – die Begrüßung

Nehmen wir an, sie wollen einen Rasenmäher kaufen. Sie gehen in einen Laden und erkundigen sich nach den Leistungen eines Rasenmähers: PS, Höhenverstellbarkeit, Benziner und Sack. Um einen Preisvergleich zu haben, gehen Sie in einen zweiten Shop. Auch hier hilft man Ihnen. Der Laden hat genau den gleichen Rasenmäher, mit derselben PS-Zahl, er ist höhenverstellbar und ist ebenfalls ein Benziner mit Sack. Es ist also haargenau der gleiche Rasenmäher. Einen kleinen Unterschied gibt es aber: Die Verkäufer haben Sie unterschiedlich behandelt. Der erste Verkäufer blieb hinter seinem Tresen hocken und guckte kurz hoch, als Sie den Laden betraten, während sein Blick auf einen anscheinend defekten Rasenmäher hinter seinem Tresen fiel. Dann murmelte er irgendeine unverständliche Begrüßung.

Der zweite Verkäufer blickte bei Ihrem Eintritt hoch, kam Ihnen auf halber Strecke entgegen, lächelte Sie an und begrüßte Sie laut und deutlich. Funktioniert unser Oberstübchen auch nur halbwegs, werden wir wissen, zu wem von diesen beiden wir die positivere Beziehung aufgebaut haben.

Komischerweise behaupten aber einige Menschen, vor allem Männer, dass sie in Geschäftssituationen nur sachliche Informationen aufnehmen würden und eben auch vermitteln. Sie behaupten weiterhin, weniger auf die persönliche Ausstrahlung eines Menschen als auf Fakten zu achten. Dass sie nicht darauf achten, trifft vielleicht sogar auf einige zu, aber sie reagieren auf die Ausstrahlung eines Menschen. Eben genau diese Menschen behaupten auch, dass es unnötig sei, über Körpersprache und Stimme eine positive Beziehung zum Publikum aufzubauen, da es ausreichen würde, sich gut im Thema auszukennen. Bullshit! Menschen, die das behaupten, gehören der Spezies Gefühlslegastheniker an. Diese kennen sich meistens sehr viel besser in ihren jeweiligen Themen aus als mit den Menschen, die sie umgeben, und deren Emotionen.

Als Redner stehen Sie stellvertretend für den Rasenmäherverkäufer. Überlegen Sie sich gut, welchem der beiden Sie nacheifern wollen, denn die Konsequenz haben Sie oder Ihr Unternehmen zu tragen.

Ich bin überzeugt, dass ein Redner immer auch ein Verkäufer ist; denn wenn er nicht gerade ein Produkt vorstellt, dann will er eine Idee vermarkten, sein Publikum amüsieren oder sein eigenes Ego befriedigen. Immer verkauft der Redner ein Stück seiner selbst, wobei Emotionen unweigerlich dazugehören. Also vernachlässigen Sie in einer Rede niemals die Beziehungsebene. Beziehungen können wir auf drei unterschiedlichen Ebenen aufbauen.

2.1 Drei Ebenen der Kommunikation

Wenn wir Reden halten, senden wir viele unterschiedliche Signale aus: ein Lächeln, eine angenehme Stimme oder eine besonders appellierende Aufforderung über unsere Sprache. Wir sind in diesem Moment ein sogenannter Sender. Auf der anderen Seite befindet sich der Empfänger, der unsere Signale aufnimmt, verarbeitet und darauf reagiert.

Nicht immer ist das, was wir als Sender sagen, auch das, was der Empfänger versteht. Wenn uns der Empfänger partout nicht verstehen kann, fragen wir uns, ob wir Chinesisch sprechen. Solche Missverständnisse können mehrere Ursachen haben: Der Sender übermittelt vielleicht keinen kongruenten, also übereinstimmenden Ausdruck. Es kann also sein, dass ein Redner von freudigen Ereignissen spricht, sein Körper aber von schlechten. Seine Worte umschreiben ausgiebig, dass das Unternehmen schon im kommenden Jahr wegen Umstrukturierungsmaßnahmen schwarze Zahlen schreiben wird und dass sich alle Mitarbeiter der Projektgruppe fürchterlich darüber gefreut haben. Die Körpersprache bezog sich aber nicht auf die Begriffe »freudig« oder »Pluszahlen«, sondern eher auf die Begriffe »fürchterlich« und »schwarz«. Der Ausdruck ähnelte eher einem Redner, der mit einer Gesichtslähmung zu kämpfen hat, als einem Redner, der ein freudiges Ereignis verkündet. In solchen Situationen gerät das Publikum unbewusst ins Stocken, denn welche der beiden Aussagen stimmt denn nun: die gesprochene oder die gezeigte?

Im Allgemeinen, zumindest bei bewusster Reflexion, glauben wir dem gesprochenen Wort mehr als unserem Bauchgefühl, das über die unbewusste Wahrnehmung der Körpersignale entsteht. Wenn wir aber nicht bewusst reflektieren, dann sagt uns das Bauchgefühl: Gib acht! Hier stimmt etwas nicht, denn hier ist etwas nicht kongruent.

Selbst körpersprachliche Signale können in ihrer Aussage inkongruent sein: Ein schüchtern gesenkter Blick widerspricht einem großen Schritt.

Foto 9: Inkongruent: gesenkter Blick, großer Schritt

Hat während einer Rede das Publikum verstärkt dieses Bauchgefühl, misstraut es dem Redner unbewusst, obwohl sich alles andere ja so toll anhört. Das hat zur Folge, dass dem armen Redner schlichtweg nicht geglaubt wird. Dabei hat er sich doch inhaltlich so gut vorbereitet!

Fazit

Bei einer Rede ist der Redner der Sender und das Publikum der Empfänger, was nicht heißt, dass der Redner einen Monolog hält, sondern eher eine besondere Art des Dialogs.

Die Worte, die Inhalte der ersten Ebene, die Bewegung, die Inhalte der zweiten Ebene, und unsere Stimme, die dritte Ebene der Kommunikation, sollten beim Sender möglichst kongruent erscheinen. Unsere Kommunikation wird durch diese Vielschichtigkeit zum einen sehr spannend und zum anderen auch kompliziert.

2.2 Durch den ersten Eindruck brillieren

Über seine Körpersprache, speziell über die Mimik, kann das Publikum *Stümper, Langweiler, Dilettant* und Schlimmeres ausdrücken. Das zeigen die Zuhörer zwar nicht sehr differenziert, kommunizieren es aber so eindeutig, dass sich durch das meist mimische Signal ein dumpfes und verschwommenes Bauchgefühl beim Redner einstellt. Wenn das so ist, hat der Redner den sogenannten ersten Eindruck böse verhauen.

Der erste Eindruck entsteht recht flott bei unseren Zuhörern. In Bruchteilen von Sekunden manifestiert sich in den Köpfen der Zuschauer ein positives oder ein negatives Bild vom Redner, das sich ebenso flott auf der Festplatte des Hirns verewigt. Und da sitzt es dann.

Wenn sich unsere Rede im weiteren Verlauf allerdings gut entwickelt – da wir uns ja gut vorbereitet haben –, löscht der Zuhörer diesen Eintrag auf der Festplatte wieder und ersetzt ihn durch einen vorteilhafteren Eindruck. Am Ende erzählt er seinen Kollegen sogar etwas vom »kompetenten Typ« oder sagt: »Das war echt porno.«

Da wir nicht gläsern sind und an unserem Körper auch keine Post-its kleben, auf denen steht, wie wir sind, kann der erste Eindruck nur über die Äußerlichkeit, also über unsere Körpersprache und unsere Kleidung entstehen.

Dieser Eindruck verstärkt sich noch, wenn wir bedenken, dass wir in diesen Bruchteilen von Sekunden nicht ein einziges Wort gesagt haben, über das unsere Zuhörer normalerweise ihre Informationen beziehen. Der erste Eindruck entsteht also ausschließlich über die Körpersprache eines Menschen und über den Zwirn, der ihn bedeckt beziehungsweise verhüllt, entstellt oder hervorhebt.

Unsere Wirkung beim ersten Eindruck

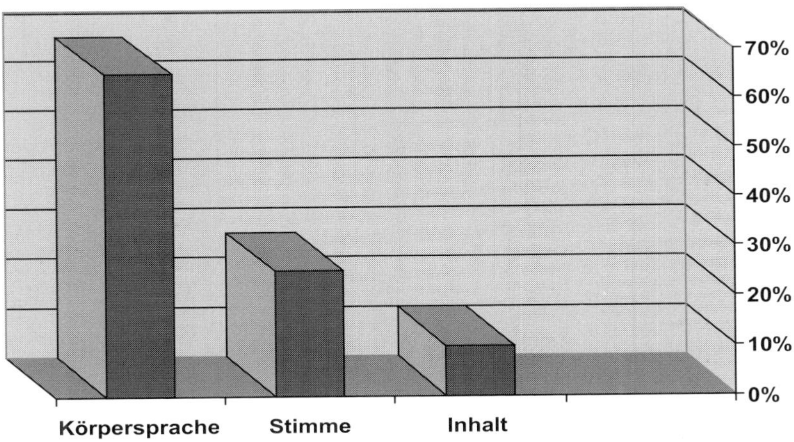

Körpersprache	Stimme	Inhalt
65%	25%	10%

Quelle: in Anlehnung an die Studie Silent Messages von Albert Mehrabian

Die Ausdrucksstärke im Erstkontakt liegt zu 65 Prozent auf der körpersprachlichen Ebene. Haben wir unser Publikum allerdings noch nicht begrüßt, beträgt der körpersprachliche Ausdruck 100 Prozent. Ein triftiger Grund, sich gebührend mit der Körpersprache des Redners zu beschäftigen.

Unsere Kontakte sind heute derart flüchtig und kurzfristig, dass wir uns hierfür eine besonders offene und beziehungsfördernde Kommunikation zulegen sollten, vor allem zu Beginn, da hier die Körpersprache ausschlaggebend ist.

Früher hatten die Menschen sehr viel mehr Zeit und auch Geduld, sich auf andere einzulassen, da sie nur einem Bruchteil der Menschen begegneten wie in der heutigen Zeit. Da wohnte die Familie Hansen irgendwo hinterm Deich, hatte eine Magd und einen Stallburschen und einmal pro Woche trällerte der Briefträger vorbei und brachte Post.

Die Kontakte, die man früher hatte, wurden außerdem sehr viel intensiver gepflegt als heute. Durch Ortswechsel, Unternehmenswechsel, Partnerwechsel und sogar kompletten Familienwechsel sind langfristige Kontakte nur noch die Ausnahme und weniger die Regel. Wir sollten also die Fähigkeit besitzen, uns schnell und sicher zu orientieren und möglichst direkt unsere Stärken zu zeigen, ohne dass unser Gegenüber erst einmal Rätselraten muss.

Wenn also ein intelligenter Redner weniger seine Kompetenz als vielmehr seine Unsicherheit ausstrahlt, wird er schnell in die falsche Schublade gesteckt. Das ist schade, da der arme Kerl ja eigentlich etwas zu erzählen hätte.

Kein Zuhörer macht sich in einer ersten Begegnung tiefschürfende Gedanken über den Redner und seine Persönlichkeit. Er entscheidet nur aufgrund dessen Wirkung, in welche Schublade er ihn stecken wird. Manchmal erscheint ein Redner beim ersten Eindruck sehr kompetent, da seine Körpersprache Kompetenz ausdrückt. Wer sich seiner Sache sicher ist, zeichnet sich körpersprachlich unweigerlich durch einen sicheren Gang, souveräne Bewegungen und eine entspannte Mimik aus. Das liegt daran, dass alles, was wir denken und fühlen, mehr oder weniger durch die Körpersprache sichtbar wird. Alles, was innen ist, wird über die Bewegungen des Körpers nach außen transportiert. Hat ein Redner sich nicht ausreichend und angemessen vorbereitet, können aufmerksame Zuhörer das unter Umständen an seiner Körpersprache erkennen. Auch wenn er einen zu hohen Anspruch an sich selbst hat und vom Gedanken besessen ist, 100 Prozent zu geben, kann dies nach außen sehr unsicher und unsouverän wirken.

Sie können die Verbindung zwischen Gefühlen und Körpersprache testen: Achten Sie bei der nächsten Gelegenheit mal darauf, was Ihre Arme machen, wenn Ihnen ein Gesprächspartner einen Vorwurf macht. Oder umgekehrt: Machen Sie einem Mitmenschen einen Vorwurf. In den meisten Fällen legen sich blitzschnell die Arme vor den Körper, um ihn zu schützen.

Die Verbindung zwischen Gedanken und Körpersprache aufzudecken, ist so, wie jemandem den Weg zur Post oder zur großen Freiheit zu erklären: Automatisch bewegen sich Ihre Hände wie Wegweiser vor dem Fragenden hin und her. Mal mehr, mal weniger.

Fazit

Wenn Sie sich gut vorbereitet haben und kongruent, also authentisch auftreten, wird der erste Eindruck kaum dilettantisch ausfallen. Es sei denn, der Griff in den Kleiderschrank war ein Griff ins Klo.

Beinkleider okay?

Unsere Kleidung ist Ausdruck unserer Persönlichkeit. Die Modeindustrie ist ein mächtiger Wirtschaftszweig, sodass es nicht verwundert, dass jeder Bundesbürger sich täglich mindestens fünf Minuten mit seiner Kleidung beschäftigt. Jährlich werden Millionen Euro hierfür investiert – Tendenz steigend.

Unser Kleiderschrank wird für den bevorstehenden Auftritt ins Visier genommen. Hemdideen werden verworfen, wieder neugierig betrachtet und umgestellt, um sich schlussendlich durchzusetzen.

Allerdings gibt es auch moderesistente Redner, die ihrer Kleidung nur wenig oder nicht die Aufmerksamkeit gönnen, die sie unter dem Gesichtspunkt des ersten Eindrucks verdient hätte.

Durch Kleidung ordnen wir uns selbst einer Gesellschaftsgruppe zu. Wir wählen sie meist unbewusst, aber doch recht passend aus: Wenn sich eine Ökolady in Dritte-Welt-Kleidung hüllt, um auf einer Messe einen Vortrag über biologische Lebensmittel zu halten, wirkt das authentisch. Zielgruppe und Redner haben ähnliche Vorstellungen und anscheinend ähnliche Wertesysteme. Wenn diese Lady allerdings zur Handelskammer geht und ein Konzept für einen grünen Laden vorstellt, um einen Kredit zu bekommen, kann es sein, dass ihre Vorstellung nicht so erfolgreich verläuft, wie sie sich das erhofft hat.

Um unsere Ernsthaftigkeit und Seriosität widerzuspiegeln, müssen wir in den Augen der Gesellschaft als angehender Unternehmer auftreten. Da Ökos vom Klischee her nicht für die zwei Attribute Ernsthaftigkeit und Seriosität stehen, sondern für Gesundheit und Gerechtigkeit, wird Madam wegen des ersten Eindrucks in die Ökoschublade gesteckt und entsprechend behandelt. Sie wird nicht in die der Unternehmerin gesteckt, der man einen Kredit gewährt, sondern in die der Weltverbesserin, der man nicht traut.

Wir sollten uns klar darüber sein, dass die Mehrheit der Deutschen in sogenannten Klischeevorstellungen denkt, fühlt und handelt, auch wenn sie nicht immer ganz zutreffend sind. Wir sollten uns also daran gewöhnen, uns in wichtigen Situationen angemessen zu kleiden. Deswegen müssen wir uns ja nicht gleich untreu werden.

Die Ökolady muss sich deswegen nicht gleich in ein Businesskostüm werfen. Wenn sie aber den Dritte-Welt-Schmuck weglassen würde, sich ihre Haare ein wenig zurechtmachen würde, anstatt sie offen zu tragen, und die Jesuslatschen gegen ein paar normale Schuhe austauschen würde, hätte sie bei der Handelskammer schon viel gewonnen.

Sehen Sie, wie einfach es ist, ein Klischee zu entwerfen? Man nehme Jesuslatschen, eine Portion offene Haare, eine Prise Henna, zwei Pfund Flatterrock und zwei Teelöffel möglichst lange Ohrringe. Fertig!

Die Handelskammervertreterin kann mit der Andersartigkeit der Ökolady nicht viel anfangen. Sie hat keine Erfahrungen, weswegen sie diese Person schwerer einschätzen kann als eine Kundin, die offensichtlich über die Kleidung dieselbe gesellschaftliche Zugehörigkeit und ein ähnliches Wertesystem hat.

Wie bei fast allem, was mit uns Menschen zu tun hat, können wir auch hinter dieser Denke eine versteckte und wieder einmal recht menschliche Strategie entdecken.

Exkurs: Gleich und Gleich gesellt sich gern

Schaut man sich die Klienten von Partneragenturen an, Agenturen, in denen Menschen den Partner fürs Leben suchen, fällt auf, dass der ruhige Geselle eben auch eine ruhige Partnerin sucht. Sie sollte ebenfalls lange Spaziergänge mit einem Jagdhund mögen, und dies vorzugsweise an einem norwegischen Fjord. Da, wo man sich von der Zivilisation erholen kann, und dies bitte bei gemäßigter Temperatur.

> Die Profile der potenziellen Partner werden auf eigene Vorlieben gescannt und miteinander verglichen. Dahinter steckt der Gedanke: Wer gleiche Vorlieben hat, muss gleich ticken; übrigens eine Grundvoraussetzung für eine langfristige Partnerschaft: Gleich und Gleich gesellt sich gern.

Je mehr Schnittpunkte zwei Profile haben, desto höher ist die Chance eines Treffens.

Dahinter versteckt sich ein weiteres Motiv: Wer ähnlich aussieht oder sich ähnlich kleidet, tickt ebenfalls ähnlich. Da wir über die Kleidung eine große Palette von Manipulationsmöglichkeiten haben, kann es natürlich nach hinten losgehen, wenn wir so denken.

> Für alle Schwarz-Weiß-Seher gibt es einen weiteren Spruch, der scheinbar erst mal im Widerspruch zum ersten steht: Gegensätze ziehen sich an.

Dieses Motiv speist sich aus der Vorstellung, dass wir uns im Leben ergänzen können. Unterschiedliche Menschen finden sich spannend und aufregend anders. Deshalb gibt es in Partnerbörsen auch Menschen, die nach Partnern suchen, mit denen sie sich ergänzen können.

Wenn der Fjordliebhaber und sein Hund eine weltgewandte und abwechslungsreiche Partnerin suchen, können sie sich natürlich wunderbar ergänzen. Für ein paar Jahre vielleicht, aber auf Dauer?

Hier haben wir die Rechnung ohne den Wirt, nämlich unsere Gewohnheiten, gemacht. Denn:

Das, was uns am Anfang reizt, reizt uns am Ende bis aufs Blut.[5] Übersetzt heißt das: Die abwechslungsreiche Art der Frau, die am Anfang ergänzend und sogar erfrischend, ja durchaus spannend auf unseren Naturliebhaber wirkte, legt er am Ende als Sprunghaftigkeit aus. Dieselbe Eigenschaft wird plötzlich anders wahrgenommen und als negativ empfunden. Das, was vorher eine Tugend war, wird nun zur Qual.

Die Ökolady kann Glück haben, wenn die Entscheiderin von der Handelskammer Gegensätze anziehend findet. Es kann aber genauso gut sein, dass diese ihren Klischeevorstellungen erliegt und das Konzept ablehnt.

Wenn wir mit jemandem eine gemeinsame Ebene finden wollen, sollten wir die Schnittstellen suchen und nutzen. Wenn wir dies auch bei der Kleiderwahl berücksichtigen, sind wir bei einer Rede noch ein Stück erfolgreicher. Das bedeutet, dass Sie sich im Voraus über Ihre Zielgruppe Gedanken machen.

Nehmen wir die Accessoires ein wenig unter die Lupe, denn es gibt Verzierungen, mit denen wir sehr behutsam umgehen sollten. Da haben wir als Erstes den roten Lippenstift bei Frauen: Rote Lippen sind Indikatoren für Fruchtbarkeit. Durch die sichtbare Durchblutung der Lippen wird der Eisprung angezeigt.[6] Wundern Sie sich also nicht, wenn Ihnen die Männer wie Waldi am Bein hängen – mental gesehen. Es sei denn, Sie wollen genau das!

Evolutionsbedingt sind wehende Haarmähnen ein Indiz für eine gute Gesundheit. Das könnte einige männliche Wesen im Zuhörerraum dazu veranlassen, intensiv darüber nachzudenken, ob Sie nicht die Mutter ihrer Kinder werden wollen. Natürlich nur, wenn Sie zu den Rednerinnen gehören, die ihre Haare gerne offen tragen. Ein Feedback wie »Geile Schnitte, aber was hat sie noch mal gesagt« hilft uns für unsere Rede nicht weiter.

Wenn Sie aber tatsächlich einen Vater für Ihre Kinder suchen: warum nicht auf diese Art. Sie ist kreativer, als dem potenziellen Partner nach der Arbeit die Stofftiersammlung auf dem Bett zu zeigen oder die Kunststücke der Hauskatzen.

Halten Sie jedoch eine amüsante Rede, etwa eine Festrede, geizen Sie nicht mit unterstützenden Maßnahmen, da hier nicht der Inhalt im Vordergrund steht.

Geht es um Inhaltsvermittlung der seriösen Art, lenken Sie als Frau die Aufmerksamkeit nicht zu sehr auf ihre erotischen Vorzüge, die Sie beispielsweise unterstreichen mit:

- Minirock
- offenen Haaren und wehender Mähne
- tief ausgeschnittenem Pulli
- weit aufgeknöpfter Bluse
- hohen Pfennigabsätzen
- knalligem Lippenstift
- roten, langen Fingernägeln

Laut Barbara und Allan Pease fällt es Männern schwerer, sich auf mehrere Dinge gleichzeitig zu konzentrieren.[7] Verwirren Sie also als Rednerin männliche Zuhörer nicht zu sehr durch die genannten Verzierungen, sondern bleiben Sie lieber etwas schlichter. Wer konnte sich länger im Politkarussell halten: die schlichte Kanzlerin oder die verzierte Landrätin?

Hält ein Redner vor seiner Belegschaft einen Vortrag über sein angeschlagenes Unternehmen, sollte er sich nicht wie ein Gigolo kleiden. Wenn Sie Statussymbole mögen, lassen Sie Ihre exklusive Rolex oder Ihre Omega in so einer Situation zu Hause. Dies schürt bloß Neid und bildet kein Vertrauen. Überprüfen Sie künftig, ob Ihre Kleidung angemessen ist und dem Redeanlass entspricht. Denken Sie noch einmal an den Manager mit der Rolex. Wollte die Belegschaft ihn danach nicht lynchen?

In Erstaunen versetzt uns ebenfalls die offensichtliche geistige Umnachtung jener, die in einer Rede sehr ausgefallene Accessoires tragen: Mickymaus-Krawatten, Schuhe, in denen wir in Afrika ein Held wären, Hawaiihemden oder hervorblitzende weiße Tennissocken sind nicht bei jeder Gelegenheit zu empfehlen und sollten deswegen gut überdacht werden. Das soll natürlich nicht heißen, dass Sie sich wie der Mensch von der Hamburg-Mannheimer kleiden sollen. Es soll nur heißen, dass Sie sich ein wenig mehr als üblich um Ihre Kleidung kümmern und bewusst bedenken, was sie unter den genannten Kriterien für sich beachten können.

Obwohl Frauen in führenden Positionen spontan behaupten, dass ein Mann fürs Leben keine wirtschaftlichen Vorteile mitbringen muss, zeigen Umfrageergebnisse das Gegenteil: Frauen finden Geld nach wie vor attraktiv. Männer geben recht offen zu, dass die Schönheit einer Frau eine entscheidende Rolle bei der Partnerwahl spielt.

Da es in einer Rede aber nicht um die Partnersuche geht, sondern um geschäftliche Beziehungen, haben Verzierungen und Accessoires, die weibliche Schönheit und männlichen Reichtum transportieren, nur bedingte Anwesenheitsberechtigung.

Geht es um Inhaltsvermittlung der seriösen Art, lenken Sie als Mann die Aufmerksamkeit nicht zu sehr auf folgende Verzierungen:

- exklusive Uhren
- fette Ludenringe
- auffällige Krawatten
- ausgefallene Schuhe
- Tennissocken
- bunte Sakkos

Im Einzelnen sollte jeder die Situation bewusst überdenken, sie einschätzen und sich danach kleiden.

Fazit

Denken Sie daran: Geben Sie Ihre Persönlichkeit nicht durch übermäßigen Eifer, nämlich dem anderen zu gleichen, an der Garderobe ab. Unauthentisches Verhalten und Kleiden hat uns noch nie sonderlich weit vorangebracht. Kleine Stellschrauben hingegen hat jeder. Auch ohne sich zu verbiegen.

Lässt sich keine Stellschraube finden, sollte man sich ernsthaft fragen, ob man nicht zu den Egozentrikern gehört, die nur ihrer persönlichen Bedürfnisbefriedigung nachlaufen und keinen Funken Empathie besitzen.

Mein Tipp

Nach der passenden Kleiderwahl und dem Blick in den Spiegel sollten Sie noch einmal Folgendes kontrollieren:

- Ist die Kleidung zielgruppengerecht?
- Fühlen Sie sich wohl?
- Ist der Hosenschlitz geschlossen?
- Sind die Schuhe geputzt?
- Ist die Kleidung sauber und gepflegt?
- Passen die Verzierungen und Accessoires zum Thema?

Foto 10: Hosenschlitz zu!

2.3 Zu- und aufgeschlossene Redner

Wir Menschen sind unterschiedlich. Und doch können wir auf Anhieb zwei klassische Rednertypen identifizieren: den extrovertierten und aufgeschlossenen Redner und den introvertierten und zugeschlossenen beziehungsweise verschlossenen Redner. Beide können im Business äußerst erfolgreich sein.

Der Extrovertierte wird allerdings schneller angenommen und akzeptiert, da er auf allen Ebenen der Kommunikation sehr beweglich ist und den Zuhörer damit bei Laune hält. Er hat meist eine lockere Art, sich zu bewegen, frönt einer geschliffenen Rhetorik und hat eine gut hörbare Stimme. Eben ein richtiger sanguinischer oder cholerischer Profiler.

Der Introvertierte steht meist still an seinem Rednerplatz und hat eine ruhige und eher leise Stimme. Er ist nicht der Jippy-hey-Typ, der sich gerne profiliert, sondern eher der, der gerne im Stillen vor sich hinarbeitet – am besten mit wissenschaftlichem oder technischem Background – und sich ungern lauthals vor anderen profiliert. Er ist mehr der Denker und weniger der Redner. Seine Rhetorik hat nicht die Lockerheit, die so wichtig ist, um selbstbewusst zu wirken und durch Sprache zu überzeugen.

Der Unterschied zwischen diesen beiden ist – so behaupten böse Zungen –, dass der Introvertierte weiß, wovon er spricht und der Extrovertierte nur so tut, als ob er es wüsste. So einfach ist das zum Glück nicht!

Auch ein extrovertierter Redner kann Ahnung von seinem Fach haben und ein introvertierter Redner eben auch nicht. Schauen wir auf die Körpersprache der beiden, fällt auf, dass der Extrovertierte nicht mit seiner sensiblen Körperseite knausert.

Exkurs: Sensible und unsensible Körperseite

An unserem Körper gibt es weiche, offene und sensible Seiten und harte, verschlossene und unsensible. Die sensible Seite zeigen wir, wenn wir Vertrauen zu anderen Menschen aufbauen können und wollen. Ein sichtbares Beispiel kann man bei Politikern sehen: Sie öffnen ihre Vorderfront und spreizen die Arme so weit auseinander, als wollten sie die ganze Wählerschaft auf einmal umarmen – was mit dem Pult vorm Bauch übrigens ein hoffnungsloses Unterfangen ist.

Die Partien der sensiblen Seite sind Gesicht, Hals, Brust, Innenarm, Handflächen, Bauch, Genitalien, Innenschenkel, Kniekehle und Fußsohle. Dort haben wir eine sehr feine und sensible Hautoberfläche.

Foto 11: Die sensible Seite

Die Partien der unsensiblen Seite sind Hinterkopf, Nacken, Schultern, Außenarm, Ellenbogen, Handrücken, der gesamte Rücken, Popo, Außenschenkel und Knie. Hier ist die Hautoberfläche großporiger und unsensibler.

Wenn wir uns sicher fühlen und Vertrauen in unser Gegenüber haben, zeigen wir ihm die sensible Seite.

Zeigen wir hingegen unsere unsensible Seite, scheinen wir uns vor etwas zu ängstigen, nämlich vor etwas, zu dem wir kein Vertrauen haben. Genau das spiegelt der Redner dem Publikum wider. In der Folge fühlt sich der Zuschauer von uns nicht an- und aufgenommen. Er misstraut uns.

Wenn wir unseren Zuhörern mit Vorliebe unser Profil zeigen oder sogar den Rücken – was ausgesprochen oft geschieht, wenn es sich um eine Beamer-Präsentation handelt –, zeigen wir die verschlossene und unsensible Seite. Auch wenn wir uns vor bestimmten Menschen zurückziehen wollen, zeigen wir gelegentlich die unsensible Seite. Die sogenannte kalte Schulter ist hierfür ein sprachliches Beispiel.

Fußballer zeigen auch gerne ihre Handflächen, was dem Schiri signalisieren soll: »Sieh doch, ich habe nichts getan und ich bin sauber!«

Foto 12: Ich bin sauber!

Fazit

Wünscht sich der Redner das Vertrauen seiner Zuhörer, muss er diesen erst einmal selbst vertrauen, indem er seine sensible und verletzbare Seite zeigt und damit signalisiert: Ich fühle mich sicher. Ich habe Vertrauen zu dir, und ich habe es nicht nötig, mich vor dir zu schützen.

Der Extrovertierte ist also von Haus aus im Vorteil, da er ohne zu geizen und in jeder Situation seine sensiblen Seiten zur Schau stellt. Hinzu kommt seine fast ununterbrochene Bewegung am Rednerplatz. Dadurch gewinnt er als Redner schneller die Sympathie und Aufmerksamkeit des Publikums, als wenn er bewegungslos und verschlossen seine Inhalte präsentiert.

Ein Redner, der sich nur auf das gesprochene Wort verlässt, kann von seinem Publikum kaum verlangen, dass es ihm zuhört.

Mein Tipp

Wollen Sie Ihre Zuhörer zu etwas bewegen, müssen Sie sich selbst bewegen. Der Zuhörer möchte, dass wir uns mit allen Poren für ihn interessieren. Das schaffen wir nur, indem wir uns aufschließen und ihm beim Reden noch deutlicher die sensible Seite zeigen.
Das heißt natürlich nicht, dass Sie dem Publikum ab jetzt Ihre Fußsohlen zeigen; es heißt nur, dass Sie zum Beispiel beim Gestikulieren auch mal die Innenseiten der Arme zeigen. Wenn Sie dem Publikum auch noch frontal das Gesicht und nicht nur das Profil präsentieren, ist schon viel geschafft.

Distanz zum Publikum einhalten

Man steht vor einer Rede nichts ahnend und plaudernd beisammen, während unser Gesprächspartner uns fast unmerklich auf den Pelz rückt. Das hat jeder schon mal erlebt. Ist uns das zu nah, stehen uns schnell die Nackenhaare zu Berge und unser Oberkörper weicht nach hinten oder seitlich aus. Wir machen sogar einen Schritt zurück. Auf dem Foto sucht die Bedrängte sogar Halt am Pult.

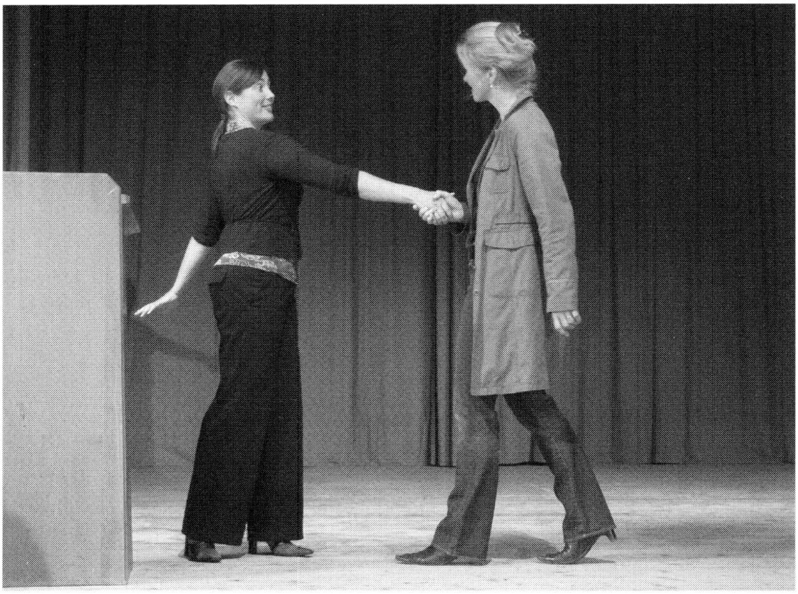

Foto 13: Achtung, Pelzrücker!

In solchen Situationen ist man schnell damit beschäftigt, sich mit dem vermeintlichen Abstand zwischen Pelz und Pelzrücker zu beschäftigen. Unsere Aufmerksamkeit ist mit dem Problem beschäftigt, sodass wir unter Umständen sogar vergessen, dem anderen zuzuhören. Die Gedanken schweifen vom Wesentlichen ab.

Unseren Zuhörern zu nahe zu treten, ist keine gute Voraussetzung, um eine positive Beziehung aufzubauen, denn das Unwohlsein ist vorprogrammiert.

In Deutschland, aber auch in Europa gibt es übrigens ein kleines Distanzgefälle: Wenn ein Rheinländer sich mit einem Hamburger unterhält, sollte er seinen elektronischen Abstandshalter einschalten, denn der sagt ihm recht frühzeitig »Stopp!« Schon mancher Hamburger stand wegen eines sehr zutraulichen Rheinländers kurz vor der Ohnmacht.

Der Norden ist von Haus aus etwas distanzierter als der Süden der Republik. Weiten wir das Ganze auf die internationale Ebene aus, können wir eine noch größere Nähe bei unseren italienischen

Freunden feststellen und eine noch größere Distanz bei unseren Nachbarn im hohen Norden.

Diesmal kommt auf dem Foto keiner in Bedrängnis, da der Abstandhalter eingeschaltet ist. Oder zieht das Fräulein links die Dame, die Abstand hält, sogar an sich heran und macht diese deswegen ein so entrüstetes Gesicht?

Foto 14: Abstand halten!

Wenn wir bei unserem Distanzverhalten ein paar Regeln beachten, kann uns nichts passieren. Eines der ungeschriebenen Gesetze besagt, dass jeder Mensch ein Anrecht auf eine Art Freihandelszone hat. Diese Zone nennt man Distanzzone. Sie erstreckt sich in einem Radius von einer Armlänge um uns herum.

Vorne befindet sich unsere sensible Seite, womit klar wird, hier lassen wir nur Personen näher heran und zeitweise herein, die wir gut kennen. Und ich meine *wirklich* gut kennen. Also nicht den Freund unserer Freundin, die einen Freund hat, sondern eher

Familie, Freunde und sehr enge Kollegen, zu denen wir ein freundschaftliches Verhältnis pflegen.

Die sogenannten Berufsberührer dürfen zähneknirschend und mit an uns selbst gerichteten Durchhalteparolen ebenfalls hinein. Aber nur mit zeitlich begrenzter Aufenthaltsgenehmigung. Dazu gehören Friseure, Ärzte oder das Servicepersonal eines Restaurants.

An den Seiten, also an den Schultern ist die Distanzzone etwas schmaler, da wir dort extrem gute Wachtürme haben, nämlich unsere Schultern und unsere Ellenbogen – wir könnten also, wenn wir wollten.

An der Hinterseite ist die Zone ebenso groß wie vorne, obwohl es unsere unsensible Seite ist. Warum sie dort ebenso groß ist wie vorne, liegt an dem Umstand, dass wir hinten keine Augen haben und somit kaum einen Überblick über die dortigen Ereignisse.

Fazit

Für den Redner bedeutet das: Er sollte darauf achten, den Zuhörern, die direkt in seinem Wirkungsfeld sitzen, eine Armlänge Distanz zu geben. Eine weitere Armlänge kommt hinzu, weil der Zuhörer sitzt, während Sie als Redner stehen. Hier verdoppelt sich die Distanz wegen der unterschiedlichen Größenverhältnisse.

Dies ist übrigens dieselbe Situation, wie wenn zwei sehr unterschiedlich große Menschen miteinander reden. Auch hier sollte man immer auf eine Distanzzone von etwas mehr als einer Armlänge achten.

Die Problematik, dass einer auf den anderen *herabblickt* und der andere unweigerlich *aufblicken* muss, taucht ebenfalls bei besonders großen Frauen und kleinen Männern auf. Diese kann man in einem Gespräch dezent umgehen, in dem einer der beiden dem anderen einen Sitzplatz anbietet.

Mein Tipp

Halten Sie zu unbekannten Zuhörern mindestens eine Armlänge Abstand. Haben Sie den einen oder anderen schon einmal gesehen oder arbeiten Sie zusammen in einem Team, gehen Sie unter Umständen auch näher an ihn heran. Aber eben nur, wenn Sie eine gute Beziehung zu ihm haben.

Wenn Politiker bisweilen sehr nahe beieinander stehen, hat dies weniger mit ihrer erotischen Beziehung zueinander zu tun, sondern eher einen praktischen Hintergrund: Sie würden sonst nicht auf das Foto passen.

Da Politiker meist machtliebend sind, kann es ebenfalls sein, dass sie ihrem Gesprächspartner bei einer Dominanzansage zu nahe treten: »Ich bin hier der Boss, und ich nehme mir, was ich will. Capicsi?« Währenddessen lächeln sie recht unterkühlt, wodurch keiner den Machtübertritt bewusst bemerkt. Sollte das nämlich der Fall sein, wird dies mit einer ähnlichen Kampfansage beantwortet.

Politiker sind sowieso die Größten, wenn es um die tägliche Verpackungsmaschinerie geht. Ihre Rhetorik reduziert sich auf wenige, aber wichtige Kernbotschaften, nämlich »Wie kann ich unbeliebte Angelegenheiten beliebt machen« und »Wie kann eine Sache so gut verpackt werden, dass man die eigentliche Sache gar nicht mehr bemerkt?«

Politische Rhetorik hat nichts mit den rhetorischen Tipps zu tun, die am Schluss jedes Kapitels aufgeführt werden. Die Rhetoriktipps sollen Ihre Sprache optimieren, aber nie zu dem Zweck, Ihren Zuhörern etwas vorzugaukeln. Es ist nicht ehrlich, und Ehrlichkeit währt bekanntermaßen am längsten. Vor allem wenn wir an längerfristiger Kundenbindung oder tieferen Beziehungen interessiert sind. Wenn Politiker Bordellbesuche leugnen und Sportler die Einnahme von Dopingmitteln, versinken sie durch diese Unaufrichtigkeit im Nirwana.

Auftakt zum Handeln – der Handschlag

Der Handschlag ist mit dem Begriff Handeln verbunden. Wer handeln will, ist willig, und wer die Hand gibt, auch. Das ist das Gesetz der Wirkung.

Wenn also weniger als zwölf Personen unserer Rede zuhören, können wir den Handschlag nutzen, um schon vor unserem offiziellen Auftritt eine positive Beziehung zu unserem Publikum aufzubauen. Das ist natürlich nur ein Richtwert. Bei Vorträgen in Ostfriesland kann man ohne Weiteres alle anwesenden Zuhörer mit

Handschlag begrüßen. Ab 100 Handschlägen wird's kuschelig warm. Schaden tut es nicht, denn die Zuhörer stehen dem Thema weitaus aufgeschlossener gegenüber als ohne Handschlag. Die Ostfriesen sind sowieso ein lustiges Völkchen. Erst einmal warm geworden, weisen sie durchaus Komikerallüren auf, was Otto Waalkes und Karl Dall bereits bewiesen haben.

Wenn wir uns dementsprechend verhalten, können wir mit einem Handschlag aber auch Abwehr und Distanz erzeugen. Worauf Sie beim Handschlag achten sollten, um schon vor einer Rede überzeugend und aufgeschlossen zu wirken, sind nur Kleinigkeiten. Kleinigkeiten mit großer Wirkung.

Schau mir in die Augen, Kleines

Schauen Sie ihren Zuhörern bei der Kontaktaufnahme in die Augen. Werden wir selbst nicht angeschaut, wissen wir schnell, warum.

Foto 15: Du bist ein Niemand!

Wir fühlen uns nicht beachtet. Wer nicht beachtet wird, ist anscheinend ein Niemand. Keiner will ein Niemand sein, deswegen also immer in die Augen schauen!

Frontale Körperseite

Wenn Sie Ihrem Zuhörer beim Handschlag nur Ihr Profil zeigen, sich also seitlich stellen, zeigen Sie ihm damit nur Ihre unsensible Seite. Geben Sie Ihren Zuhörern ruhig alles, was Ihnen zur Verfügung steht, und wenden Sie sich ihnen mit der frontalen und sensiblen Körperseite zu. Dies baut eine positive Beziehung auf und wirkt direkter.

Distanziert contra einnehmend

Halten Sie Ihrem Zuhörer nicht den ausgestreckten Arm hin, denn das schafft Distanz, und ziehen Sie ihn nicht an sich heran. Das wirkt einnehmend und das hat nun wirklich niemand gerne. Wenn Sie dann noch die andere Hand zur Begrüßung Ihres Zuhörers nutzen, wirkt dies aufdringlich und kumpelhaft.

Foto 16: Schleimig einnehmend

Warmduscher oder Macho?

Geben Sie Ihren Zuhörern kräftig die Hand, allerdings ohne die Hand zu zerdrücken. Wenn eine kräftige und zudrückende Männerhand auf eine zarte Frauenhand trifft, wirkt dies machomäßig und sehr dominant.

Entscheiden Sie sich! Wer lasch die Hand gibt, gilt leider schnell als Warmduscher. Kein Redner kann es sich erlauben, schon am Beginn einer Rede so eingestuft zu werden, denn denen glaubt man kein Wort. Auf jeden Fall keine vertrauensbildende Maßnahme.

Fazit

Mittelmäßigkeit ist nicht gerade ein Attribut, das wir gerne hören. Schauen wir uns aber die Arten der Begrüßung an, so liegt der erfolgreichste Handschlag immer in der Mittelmäßigkeit oder in der Mitte des Ausdrucks. Also nicht zu nah und nicht zu fern stehen, nicht zu fest und nicht zu locker drücken und den Zuhörer nicht zu angriffslustig anstarren, aber auch nicht wegschauen.

2.4 Rhetoriktipp

Haben wir nun den Auftritt hinter uns gelassen und uns perfekt begrüßt, kommt für viele das in zwei Worte gegossene Martyrium: der Small Talk.

Häufig stehen wir vor einer Rede oder einem Vortrag ein wenig mit unseren Zuhörern zusammen. Bevor wir uns also zu großen Reden aufschwingen, halten wir Small Talk, was als Auftakt zum Warmwerden bezeichnet werden könnte, außerdem wirkt es selbstbewusst und sprachgewandt.

Um allen denen ein wenig unter die Arme zu greifen, die nicht die großen Helden des Small Talks sind, habe ich kurz zusammengefasst, wie wichtig dieses kleine Gespräch ist und wie Sie sich darauf einlassen können. Gründe, den Small Talk abzuschaffen, sind übrigens die unerträgliche Oberflächlichkeit oder die begrenzte zur Verfügung stehende Zeit.

Der Vorteil dieses kleinen Gesprächs ist, dass es uns schnell und unkompliziert ermöglicht, eine positive Beziehung zu fremden Personen aufzubauen, die jenseits von allen sachlichen Argumenten und Inhalten liegt. Unterlassen wir einen Small Talk, verschenken wir die Möglichkeit, aktiv Beziehungen zu knüpfen. Auch stellen sich einige Zuhörer schon im Vorweg auf eine Rede ein, die ohne Beziehungsgeflecht und ohne Emotionalität auskommen muss. Wie spannend!

Ohne Emotionen können wir aber niemanden überzeugen, da wir ein Gehirn besitzen, das als durchaus emotionshungrig bezeichnet werden könnte und das ohne Futter schnell abschaltet.

Gute Themen für einen Small Talk sind die Anfahrt und das Wetter. »Sind Sie gut hergekommen?«, »Haben Sie gut hergefunden?« oder »Ich bin ganz gut durchgekommen, obwohl auf der A7 zurzeit ja einige Baustellen sind.« »Das Wetter scheint sich gut zu halten«, »Jetzt könnte es aber auch mal wieder schöner werden. Das haben wir wirklich verdient« sind weitere denkbare Ansätze.

Obwohl diese Themen zweifelsohne oberflächlich sind, sind sie auch einfach und wirkungsvoll.

Bei so viel Oberflächlichkeit fällt es uns außerdem recht leicht, uns auf unseren Zuhörer und seine Befindlichkeiten einzustellen – zumindest den weiblichenoder multitaskingfähigen Rednern.

Wenn Sie etwas mutiger sind, können Sie auch den Stand der Dinge zum Thema abfragen oder fragen, wie die Geschäfte laufen. Weitere Themen für Fortgeschrittene sind aktuelle Nachrichten aus den Medien, zu denen jeder einen schnellen Zugang hat.

Natürlich sind einige Themen nicht immer nur hilfreich. Früher waren es Religion und Politik, heute ist es der Religionsersatz Fußball oder allgemein der Sport, der vermieden werden sollte, da er zu persönlich ist und die Sache nach hinten losgehen kann. Sich über einen Sieg des Hamburger SV zu freuen, kann uns in Bayern den Auftakt vermiesen.

Politik ist auch heute noch ein heikles Thema, da es die persönliche und politische Gesinnung widerspiegelt. Gewählt wird eben doch noch hinter verdeckten Wänden. Politik ist somit ebenfalls ein zu persönliches Thema.

Frauen reden im Allgemeinen gerne über Kleidung, Schuhe oder Schmuck und können ihren Zuhörern statt des Wetter-Small-Talks auch mal ein Kompliment darüber machen.

3. Zu seiner Rede stehen – der Stand

Wenn wir selbst nicht glauben, was wir sagen, wird uns dies auch kein anderer glauben. Das können wir wirklich von niemandem verlangen! Deshalb ist es wichtig, von den eigenen Inhalten überzeugt zu sein und zu seiner Rede zu stehen. Die meisten von Ihnen werden jetzt behaupten: Ist doch logisch. Natürlich stehe ich zu dem, was ich sage.

Häufiger, als wir allerdings selbst bemerken, schleichen sich aus unterschiedlichen Gründen hier und da kleine Unsicherheiten in unsere Rede. Manchmal übernehmen wir dann blind einen Inhalt aus einer schon bestehenden Präsentation, zum Beispiel einer Firmenpräsentation, die irgendwann mal von einem Kollegen entwickelt wurde. Oder unser Selbstwertgefühl leidet unter gelegentlichen Schwächeattacken, was zur Folge haben kann, dass der Redner unsicher wird und somit auch unsicher wirkt. In solchen Momenten kommt die Körpersprache wieder ins Spiel.

Dann kann es sein, dass sich der Redner fast unmerklich vom Publikum distanziert, indem er einen kleinen Schritt zurücktritt. Manchmal schaut er auch plötzlich an die Decke, auf den Boden, fängt an zu nuscheln oder verlässt inhaltlich fluchtartig das Thema, indem er den begonnenen Satz verschluckt oder vernuschelt. Diese Kleinigkeiten und Ungereimtheiten hinterlassen beim Publikum nicht gerade eine überzeugende Wirkung.

Seien Sie von Ihrem Thema überzeugt und bereiten Sie sich ausreichend vor, denn jeder, der nicht vollkommen abgestumpft ist, wird bemerken, ob Sie zu Ihrer Rede stehen oder eben auch nicht, was unter anderem über unterschiedliche Arten zu stehen zum Ausdruck gebracht wird.

3.1 Von bacchantischen Knaben und apollinischen Göttern

Da die Körpersprache einfacher gestrickt ist als unsere gesprochene Sprache, gibt es beispielsweise beim körpersprachlichen Stand nur wenige Varianten.

Sichtbar und vor allem wirkungsvoll sind die Basisstandarten. Hier unterscheide ich breitbeinig, schmal, auf dem Stand- und Spielbein oder überkreuzt stehend.

Wenn ein Redner vor sein Publikum tritt, wird er von diesem sogleich aufs Genaueste inspiziert. Damit das Publikum das auch tun kann, sollte der Redner am Beginn seiner Rede für einen Moment still stehen.

Das Publikum möchte uns am Beginn einer Rede nämlich einschätzen. Es möchte sich ein Bild von uns machen. Und es möchte in seinen Schubladen herumstöbern, um uns in die passenden abzulegen. Das wollen wir ihm gerne gestatten, denn wenn es uns erst einmal dort hineingesteckt hat, so hoffen wir, dass es die richtige war. Dann kann es Ruhe geben und sich auf die Inhalte konzentrieren. Findet das Publikum allerdings nicht die geeignete Schublade, weil der Redner möglicherweise nicht authentisch ist, weil sich seine körpersprachlichen Signale widersprechen, zieht es sich zurück und wird skeptisch statt neugierig. Das ist schlecht für den Redner. Denn wenn jemand skeptisch ist, können wir ihn kaum überzeugen.

Spazieren Sie also am Beginn einer Rede nicht wie ein apollinischer Gott auf und ab, denn das macht die Zuhörer nur wuschig. Auch das Wippen vom vorderen zum hinteren Standbein macht das Publikum zu diesem Zeitpunkt eher nervös.

In Ruhe zu beginnen ist also eine gute Möglichkeit, von Anfang an Souveränität auszustrahlen.

Dominant oder devot?

Hierbei ist es jetzt wichtig, dass Ihre Füße so weit auseinanderstehen, wie Ihre Schultern breit sind.

Foto 17: Dominanter Stand

Das Publikum bescheinigt dem Redner, der so steht, Standfestigkeit und Realismus.

Steht der Redner dagegen sehr schmal, also mit geschlossenen Füßen, so vermittelt er einen schmalen Standpunkt. Wenn weitere passende Signale hinzukommen, sogar eine devote Wirkung. Das heißt nicht, dass Sie jetzt niemals in einem schmalen Stand stehen sollten. Es gibt Situationen, in denen Sie hiermit sicherlich eine gute Figur machen: Sie halten als Page vor anderen Pagen einen Vortrag. Schwingen als Fahrstuhlboy vor anderen Boys eine Rede oder instruieren als Oberkellner Ihre Mitarbeiter im Service. Diese Standart funktioniert immer dann, wenn sie Sitte ist oder wenn Sie sich eben sehr zurückhaltend präsentieren wollen.

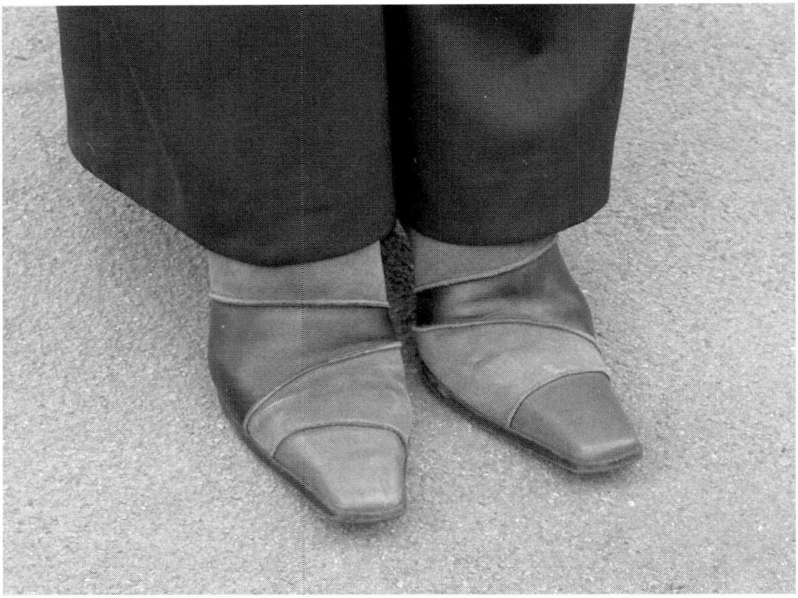

Foto 18: Devoter Stand

Wenn Sie als Bankberater vor einer Gruppe potenzieller Bauherren die Vorteile einer Finanzierung bei Ihrer Bank vorstellen, dürfen Sie sich am Beginn auch mal schmal machen.

Ich glaube, dass der Hausbauer dem latent skeptischen Redner und gleichzeitig seriösen Bankberater eher vertraut als einem risikofreudigen und extrovertierten Redner.

Typische Arbeitsbereiche, in denen wenig Territorium beansprucht wird, sind die wissenschaftlichen Bereiche. Entwickler oder Controller sind in der Regel schlaue Leute, die sich mit noch schlaueren Sachen beschäftigen. Bei vielen dieser melancholischen Intelligenzbolzen liegen die Stärken eher auf der sachlichen als auf der menschlichen Ebene, weswegen sie uns nicht selten als introvertiert erscheinen. Daher stehen Wissenschaftler und Entwickler eher schmal. Ausnahmen bestätigen die Regel.

Auch in der Bankbranche, vorzugsweise bei 50-Plus-Mitarbeitern, wird diese Standart bevorzugt angewendet und ebenfalls im Gast- und Hotelgewerbe.

Die Hüfte hängt mit dem Stand zusammen. Wer breitbeinig steht, hat ein stabiles und gerades Becken. Dies ist eine eher männliche Standart. Da in unserer Gesellschaft Standfestigkeit im Job nicht gerade als Attribut der Frauen gilt – zu Unrecht, wie ich meine –, wirken Frauen in dieser Standart auch eher standfest.

Immer wenn es um Dienstleistung geht, wird die schmale Standart bemüht. Tatsache aber ist, dass Sie dadurch eher defensiv als offensiv erscheinen.

Sobald Sie etwas Wichtiges zu sagen haben oder als Obermufti gelten, sollten Sie sich allen Platz nehmen, den Sie an Ihrem Rednerplatz bekommen können. Das hat etwas mit den Territorien zu tun und ob wir diese beanspruchen wollen oder nicht. Erinnern Sie sich an die Distanzzonen. Wer ein großes Territorium besetzt, wirkt stark. Auf den Starken können wir uns anscheinend verlassen. Nicht umsonst spielen breite Schultern immer noch eine große Rolle bei der Partnerwahl.

Mein Tipp

Stellen Sie sich breitbeinig vor Ihr imaginäres Publikum. Wenn Sie nun noch die Fußspitzen nach außen drehen, wirken Sie standfest und somit selbstsicher. Stellen Sie sich jedoch in den schmalen Stand, werden Sie bemerken, dass die Wirkung sich verändert. Sie wirken jetzt nicht mehr selbstsicher und natürlich auch nicht mehr standfest.

Wer schmal steht, traut sich scheinbar nichts zu. Wer sich nicht traut, seinen Standpunkt auch mal zu verlassen, der wirkt keinesfalls risikobereit und äußerst zurückhaltend. Wer zurückhaltend wirkt, kann heute keinen mehr überzeugen. Wer schmal steht, muss sich nicht wundern, wenn ihm nicht geglaubt wird.

So einfach, wie das hier dargestellt wird, ticken wir Menschen allerdings nicht. Da wir aber alle mit Klischees aufgewachsen sind, werden wir einfach in die bekannten Schubladen gesteckt und stopfen andere Menschen ebenfalls munter dort hinein. Diese Klischees werden von Generation zu Generation weitergegeben und haben sich im Laufe der Zeit auf unseren geistigen Festplatten verewigt.

Deswegen sollten wir uns viel mehr Gedanken machen, wie wir eigentlich auf unsere Mitmenschen wirken und in welcher Schublade wir durch welches Verhalten landen. Dann können wir machen, was wir wollen. Dann kennen wir die Konsequenzen unseres Handelns und können selbst entscheiden, ob wir breitbeinig oder schmal stehen möchten.

Wenn du weißt, was du tust, kannst du machen, was du willst.

Stand- und Spielbein

Eine weitere Standart ist das Stehen mit geknickter Hüfte. Das bedeutet, dass Sie das Gewicht nur auf ein Bein legen und das andere Bein locker daneben stellen. Die Venus von Milo, eine griechische Göttin, ist hierfür ein gutes Beispiel oder der David von Michelangelo.

Diese Standart hat die Bezeichnung Stand- und Spielbein und ähnelt stark den bacchantischen Knaben auf griechischen Reliefs und eben auch der Venus von Milo.

Normalerweise stehen die meisten – vor allem weiblichen Redner – auf dem hinteren Bein und haben einen lockeren Vorderfuß, dessen Spitze in verschiedene Richtungen weisen kann.

Auf dem Foto ist nicht nur das Spielbein äußerst locker, auch die Gestalt und vor allem die linke Hand deuten auf eine lockere Atmosphäre hin.

Wenn also die Spitze nach außen zeigt, öffnet sich die sensible Seite. Wenn sie nach innen weist, wird die unsensible Seite nach vorne gedreht. Auch kann das sogenannte Spielbein weit vorne, weit an der Seite oder sehr nah am Standbein postiert werden.

Wollen Sie während der Rede Nähe zu Ihrem Publikum oder einem einzelnen Zuhörer aufbauen, so bietet es sich an, das Gewicht für diesen Moment nach vorne zu verlagern.

Viele Männer können die Hüfte nicht knicken, um dadurch in das Stand- und Spielbein zu gelangen. Sie stehen von Haus aus breitbeinig, was stabil wirkt. Um ebenfalls Nähe zu erzeugen, können männliche Redner sich damit behelfen, einen oder zwei kleine Schritte auf das Publikum zuzugehen.

Foto 19: Stand- und Spielbein

Der Vorteil bei dieser Standart ist, dass Sie sich aus dieser Position sehr schnell und flexibel überall hin bewegen können. Ein kleiner Ausfallschritt zur Seite oder nach vorne ist schnell gemacht, was auch unseren Aktionsradius um einiges vergrößert. Sind Sie in der Vortragsphase, in der es um Ideen und Vorschläge geht, wirken Sie hiermit spontan, kreativ und eben flexibel.

Frauen sind im Allgemeinen die leichteren und flexibleren Wesen auf diesem Erdball, was sich deutlich in ihrer Standart ausdrückt. Sie haben ein beweglicheres und labileres Becken als Männer, da ihnen rein biologisch die Aufgabe zukommt, Kinder auszutragen und ans Licht der Welt zu befördern. Eine geknickte Hüfte wirkt außerdem eher weiblich, weswegen einige Männer nur ungern so dastehen.

Frauen stehen gerne im Stand- und Spielbein und gleichen somit den bacchantischen Göttern, die damit in die griechische Geschichte eingingen.

Foto 20: Labiles Gleichgewicht

Auf Foto 20 können Sie die zart angedeutete S-Linie deutlich erkennen.

Bei entsprechenden Verzierungen und passender Situation, wie wir es von den erotischen Verzierungen bereits kennen, gleichen Rednerinnen in dieser Standart auch schon mal den Pin-up-Girls aus dem Spind eines Tankers, wobei wir die S-Linie in der Gestalt hierzu noch verstärken müssten.

Pin-up-Girls stehen ausschließlich im Stand- und Spielbein, was labil und in diesem Fall willig wirkt, denn sie drehen den Oberkörper hierbei so stark zur Seite, dass die Brust-Silhouette sichtbar wird.

Mein Tipp
Stellen Sie sich ins Stand- und Spielbein. Verlegen Sie nun das Gewicht einmal nach vorne und einmal nach hinten. Bemerken Sie, wie Sie dem imaginären Publikum näherkommen, wenn das Gewicht auf dem vorderen Bein ruht? Nutzen Sie das in entscheidenden Momenten!

Cool und lässig

Einige Männer lieben es, in einer speziellen Spielart des Stand- und Spielbeins zu stehen.

In dieser Standart geht es um das Cool-und-lässig-Wirken.

Stellt sich ein Redner mit dem Schwerpunkt auf das Standbein und setzt das Spielbein mit der Spitze seitlich vor das Standbein, entsteht eine sehr lässige Position, die ohne Anlehnen an einen Türrahmen, ein Flipchart oder ein Podium als eine eher wacklige Angelegenheit erscheint.

Hier bedient sich der Redner erneut des Dominanzgesetzes, das besagt: Verhalte dich in wichtigen Situationen lässig, indem du einen wackligen und schwachen Standpunkt als stark verkaufst.

Foto 21: Lässig und cool

Foto 22: Lässig und cool mit hohen Absätzen

Frauen wirken ebenfalls cool und lässig, wenn sie sich wie oben beschrieben hinstellen. Möglicherweise gesellen sich aber noch zwei weitere Wirkungen hinzu: tough und männlich. Eine Rednerin, die sich so hinstellt, wirkt, als könnte man mit ihr Pferde stehlen.

Mein Tipp
Stellen Sie sich cool und lässig im besagten Stand hin und lehnen Sie sich dabei an den Türrahmen. Cool, was?

Überkreuzter Stand

Als letzte Standart haben wir das überkreuzte Stehen.

Es gibt für mich nur sehr wenige Verhaltensweisen, die ich Rednern verbiete, da wir eben alle sehr unterschiedlich sind.

Foto 23: Überkreuzter Stand

Was sich also ein Profiler aus einem internationalen Konzern besser nicht leisten sollte, beispielsweise beide Arme in die Hüften stecken und dabei breitbeinig stehen, kann sich die unerfahrene Rednerin aus dem Büro eines Handwerksbetriebs sehr wohl leisten.

Die überkreuzte Standart zählt allerdings zu den Verhaltensweisen, die keine Vorteile bei einer Rede haben. Sie wirkt verschlossen, verklemmt und unterstreicht niemals die Souveränität und das umfangreiche Wissen des Redners.

Wenn Sie also zu den unerfahrenen Rednern gehören, die noch nicht oft in der Öffentlichkeit gesprochen haben: Passen Sie auf Ihre Beine auf! Überkreuzt stehen ist eine Schutzfunktion. Entweder weil Sie schüchtern sind oder weil Sie vergessen haben, vor der Rede das Örtchen aufzusuchen. Wer sich schützen muss, gilt als schwach, und wer schwach erscheint, braucht gar nicht erst daran zu denken, der Öffentlichkeit Vorschläge zu unterbreiten.

Mein Tipp
Stellen Sie sich mit überkreuzten Beinen vor Ihr imaginäres Publikum. Nicht wirklich der Burner!

3.2 Standpunktwechsel erfrischt

Richten wir unseren Blick auf den weiteren Verlauf der Rede, so weiß jeder Redner, dass die Aufmerksamkeit unseres Publikums schon mal erlahmt. In diesem Moment kann der Redner stimmliche, rhetorische oder körperrhetorische Wachmacher einsetzen.

Sollte er am Anfang eher ruhig stehen, so darf er sich im weiteren Verlauf gerne ein wenig bewegen. Die Augen des Zuschauers sind am Ermüdungsprozess beteiligt. Wenn wir diesen aber etwas zu tun geben, wird er automatisch wacher.

Viele Redner stehen tatsächlich eine Stunde und länger an ein und demselben Platz, ohne sich auch nur einen Zentimeter wegzubewegen.

Besonders mit einem Rednerpult stagniert die Bewegung des Redners und damit auch die Aufmerksamkeit des Zuhörers. Ein Rednerpult ist eine gefährliche Angelegenheit, denn kein Mensch verlässt es. Steht der Redner erst einmal dahinter, bleibt er auch dort, denn es gibt ihm Schutz und Sicherheit – und so wirkt es dann auch.

Wenn der Redner dann auch noch seine Hände auf dem Pult ablegt, entzieht er sich auch der Möglichkeit, sich gestisch zu äußern.

Je mehr Sie sich im Laufe Ihrer Rede bewegen, desto mehr Dynamik ist in Ihrem übrigen Körper. Aber nicht nur im Körper wird es dynamisch, sondern auch die Inhalte und die Stimme wirken durch Bewegung lebendiger und somit durchaus positiv. Wenn nur eines dieser drei Kommunikationsmittel monoton wird, ziehen die anderen mit und werden ebenfalls monoton. Eine monotone Körpersprache spiegelt sich dann eben auch stimmlich, in gähnender Langeweile wider. 90 Prozent Langeweile sind eindeutig zu viel.

Foto 24: Gut versteckt

Fazit

Einen Standpunkt zu beziehen heißt also, dies auch körpersprachlich zu unterstreichen, indem Sie sich stabil hinstellen – vor allem, wenn Sie eine Behauptung aussprechen.

Standpunktwechsel bedeutet wiederum, flexibel zu sein. Körpersprachlich können wir dies durch Bewegung nach vorne oder zur Seite ausdrücken. Insbesondere bei Ideen, bei denen Flexibilität gefordert ist.

Auch wenn Sie Ihr Publikum zu etwas auffordern wollen, können Sie das durch Ihre eigene Bewegung verstärken, indem Sie zum Beispiel einen Schritt auf Ihr Publikum zugehen.

Bewegung erzeugt Bewegung.

Mein Tipp

Legen Sie sich drei Papierschnipsel vor die Füße. Das erste liegt direkt vor Ihnen, das zweite liegt ungefähr 1,5 m vorne links und das dritte 1,5 m vorne rechts von Ihnen. Sie stehen also vor der Spitze eines Dreiecks.
Jetzt erzählen Sie Ihrer Büropflanze, die normalerweise zu einem vegetierenden und wenig beachteten Büroleben verdammt ist, wie gerne Sie sie eigentlich haben.
Versuchen Sie in dieser kleinen Ansprache, jeden der drei Punkte einmal zu berühren. Die Aufgabe ist, dass Ihre Büropflanze, hätte sie Augen, nicht bewusst bemerkt, dass Sie sich bewegt haben. Also schreiten Sie nicht wie ein Storch auf der Wiese in dem Dreieck herum.
Sollte Ihnen das zu kreativ sein, nehmen Sie sich einen Kollegen vor, dem Sie die Vorzüge von Eisbein mit Sauerkraut gegenüber der Blumenkohlsuppe mit Salat verdeutlichen, die zur Auswahl in der Kantine stehen.

3.3 Rhetoriktipp

Das Stichwortmanuskript

Sollten Sie zu den Rednern gehören, die enorm viele und stark wandelnde Informationen übermitteln müssen, und das auch noch ohne PowerPoint-Präsentation und Beamer, sind Sie grundsätzlich erst einmal zu bemitleiden.

Solche Redner vertreten wegen der Fülle von Informationen den Standpunkt, dass sie auf jeden Fall ein Pult zum Reden benötigen, um die vielen verschiedenen Informationen zu präsentieren. Diese sind dann häufig in Romanform und auf DIN-A4-Bögen verewigt. Um diese Romane während des Redens zu entschlüsseln, benötigt der Redner allerdings viel zu viel Zeit.

Folgende drei Fragestellungen unterstützen Sie beim Optimieren Ihrer Rede:

1. Können Sie auf einen Beamer umschwenken?
   Er ersetzt Ihnen die lästigen Romane auf dem Pult und auch noch das Pult selbst, das als Festung unschwer zu erkennen ist.
   Die Präsentation mit einem Beamer ersetzt Ihnen das Skript. Das heißt aber nicht, dass Sie nun permanent auf den Laptop oder sogar auf die Leinwand schauen.
   Mindestens 70 Prozent der Aufmerksamkeit gehören Ihrer Person und maximal 30 Prozent der Leinwand.
2. Können Sie die Inhalte auf ein Stichwortmanuskript verteilen?
   Wenn Ihnen das möglich wäre, empfehle ich Ihnen, sich Karten zuzulegen, ähnlich denen der Moderatoren Delling und Co., die fast jeder Moderator im Fernsehen benutzt.
3. Können Sie die Inhalte kürzen?
   Häufig finden wir viel Überflüssiges in einer Rede. Hinterfragen Sie sich genau: Was nützen meinem Publikum genau diese Aussagen, diese Zahlen oder diese Inhalte?
   Eine Präsentation ist keine Doktorarbeit, sondern eine Zusammenfassung schwieriger Inhalte in einer übersichtlichen und prägnanten Form.
   Insbesondere der melancholische Redner neigt dazu, seine Rede mit Daten und Zahlen zu überladen.
   Wenn Sie sich in Ihrem Skript zu sehr auf die von Ihnen verfassten Romane konzentrieren müssen, lauern hierbei also zwei Gefahren:
   Zum einen finden Sie die Stelle im Roman nicht so schnell wieder, vor allem wenn Sie sich für einen Moment vom Skript gelöst haben.

Foto 25: Belesen, aber langweilig

Zum anderen sehe ich die Gefahr darin, dass Sie die Zuhörer nicht mehr ausreichend beachten, da Sie Ihr Skript nicht aus den Augen lassen. Ein Zuhörer, dem wir keine Aufmerksamkeit schenken, wendet sich schnell von unserer Rede ab und vergnügt sich lieber mit anderen Dingen. Zuhörer, die mit Handys oder dergleichen spielen, sind vorprogrammiert und können für den Redner ein Hinweis sein, dass er gerade langweilt.

Ein Stichwortmanuskript kann aus Moderationskarten oder Karteikarten bestehen, die auf jeden Fall nummeriert sein sollten. Das hat den Vorteil, dass Sie Ihre Rede nicht unterbrechen müssen, wenn Ihnen vor lauter Aufregung alle Karten heruntergefallen sind. Es sieht zweifelsohne unglücklich aus, wenn der Redner auf allen vieren seine Karten zusammenklaubt, um diese dann umständlich neu zu sortieren. Damit sind dem Redner die mitleidigen Blicke seiner Zuhörer sicher. Sind die Karten aber nummeriert, geht's schneller wieder weiter.

Mein Tipp

Nehmen Sie keine DIN-A4-Blätter, denn die verdecken zu viel vom Redner, knicken schnell um und hindern die Hände am Handeln, da sie dazu verdonnert sind, die Zettel zu halten. Karteikarten kann man auch mit einer Hand halten und sie behindern die Hände nicht so stark beim Gestikulieren. Die Stichworte sollten ebenfalls nummeriert sein und wirklich nur aus einem Begriff bestehen. Ergänzt werden darf der Begriff durch Daten und Zahlen. Der Vorteil von nur einem Begriff ist, dass Sie Ihrer Kreativität mehr Raum geben, da Ihr Geist immer wieder neu formulieren muss. Dieses Neue und Lebendige hat eine positive Auswirkung auf das Publikum, denn wenn der Redner geistig mobil ist, geht das Publikum innerlich mit, was zur Folge hat, dass es ebenfalls mobil und aufmerksam bleibt.

Die Grundstruktur und die drei Redeformen haben sich für einen übersichtlichen Aufbau sehr bewährt.

Merken Sie sich abschließend die sechs wichtigsten Punkte:

1. Mindestens 70 Prozent der Aufmerksamkeit gehört Ihren Zuhörern.
2. Benutzen Sie Karteikarten.

3. Nummerieren Sie die Karten.
4. Verwenden Sie nur einen Begriff pro Punkt.
5. Schreiben Sie deutlich.
6. Nutzen Sie Bilder als Gedächtnisstützen, zum Beispiel einen Smiley.

4. Redeschmiere des Redners – das Publikum

Das Publikum ist für den Redner die Hauptperson. Auch wenn wir als Redner das Präsent darstellen, also übersetzt, das Geschenk, sollten wir uns darüber im Klaren sein, dass wir Redner ohne das Publikum ein Niemand sind. Mutterseelenalleine eine Rede in einer Besenkammer zu halten ist zwar sicherlich ganz amüsant, aber im Business nicht sehr nutzbringend.

Anscheinend vergessen dies einige Redner und feiern sich selbst, als wenn sie den Planeten nach der Vorstellung für immer verlassen wollten. Andere wiederum tun so, als wäre eine Rede das Wort zum Sonntag, das ausschließlich fürs Off bestimmt ist und nicht für die anwesenden Zuhörer.

Wenn zwischen Publikum und Redner eine positive Beziehung aufgebaut wird, animiert es den Redner, mutig zu sein, zu scherzen, aufzutrumpfen und sich anzustrengen. Kurzum: Dann erscheint er seinem Publikum motiviert, was ihm wiederum Flügel verleiht.

Wenn Sie also gefragt werden, ob Sie Drogen nehmen und welche, dann kann es schon mal sein, dass Sie tatsächlich in diesen Motivationsrausch verfallen sind. Dieser ist ein untrügliches Zeichen dafür, dass Sie gerne auf der Bühne stehen und eine angehende Profilneurose haben. Eine leichte Profilneurose ist eine Grundvoraussetzung für das Reden in der Öffentlichkeit.

Um dem Publikum unsere Begeisterung zu zeigen, steht uns aus unerwarteter Richtung ein weiterer Helfer zur Seite: das Lampenfieber. Die Adrenalinstöße, die dadurch ausgestoßen werden, versetzen unseren Körper in eine Art Alarmbereitschaft. Dieses Gefühl sollten wir als Redner nie ganz verlieren. Es ist das Verbindungsstück, durch das der Funken, der in uns brennt, auf das Publikum überspringen kann.

Denken Sie noch einmal an Augustinus: Nur wer selbst brennt, kann andere entzünden.

Schafft der Redner es allerdings nicht, sein Publikum zu begeistern, stürzt ihn dies schon mal in tiefe Verzweiflung, in peinliche Röte oder zu dem Beschluss, nie wieder vor einem Publikum zu sprechen.

Wenn ein Redner sich an seinen eigenen Inhalten langweilt, weil er seinen Vortrag schon über tausendmal gehalten hat, sollte er das Thema wechseln oder den Platz für andere Redner frei machen. Lassen Sie denen im Unternehmen den Vortritt, die noch eine Begeisterung für das Thema verspüren.

Erfüllen wir die Grundvoraussetzung des Redens, nämlich gerne vor einem Publikum zu sprechen, haben wir alle Trümpfe in der Hand, um unsere Zuhörer zu erreichen und zu überzeugen.

Fazit

Das Publikum stellt unsere Redeschmiere dar, die uns als Redner lebendig, kreativ und geschmeidig macht und uns anspornt, alles zu geben. Die Zuhörer sind die Hauptpersonen und nicht wir! Aus diesem Grund ist es so überaus wichtig, eine Beziehung zu unserem Publikum aufzubauen und somit eine besondere Form des Dialogs zu führen.

Sie sollten sich auf Ihr Publikum freuen, es verehren, ja sogar ein wenig lieben. Wenn Sie das hinkriegen, sind Sie drin.

Mein Tipp
Reden Sie nur, wenn Sie es wirklich wollen, denn es gibt nichts Langweiligeres als einen Redner, der keine Motivation hat und sie somit auch nicht zeigt.

4.1 Territorium besetzen – die Sitzarten der Zuhörer

Die Art, wie unsere Zuhörer sitzen, steht im direkten Zusammenhang zum Territorialverhalten eines Menschen. Dies wird deutlich, wenn Sie sich erinnern, an welchen Platz Sie sich setzen, wenn Sie einen Ihnen bekannten Raum betreten: Setzen Sie sich an einen Platz, an dem Sie noch nie gesessen haben, oder an einen Platz, den Sie schon kennen? Nur ein Prozent meiner Zuhörer steuert auf einen neuen Sitzplatz zu. Der Rest greift auf bereits Bewährtes zurück.

Aufschlussreich ist ebenfalls, ob sich ein Zuhörer sehr breit auf seinem Stuhl macht. So, als wäre sein zweiter Name Platzhirsch. Wenn er wenig Territorium besetzt und sich schmal und dünn auf seinem Stuhl macht, wirkt er zurückhaltend. Ähnlich einem scheuen Reh.

Schauen wir uns diese zwei etwas genauer an!

Der Platzhirsch

Nimmt ein Zuhörer besonders viel Platz, also Territorium ein, hat er in der Regel ein angestammtes Platzrecht. Dann ist er möglicherweise der Obermufti und somit der Platzhirsch.

Zuhörer, die besonders viel Platz besetzen, können auch überdurchschnittlich groß sein. Dann passen sie nur knapp auf einen gewöhnlichen und für sie viel zu kleinen Bürostuhl und rutschen deswegen gerne mit der ganzen Gestalt in die Länge.

In beiden Varianten können wir als Redner davon ausgehen, dass es Zuhörern, die so sitzen, relativ gut geht und dass sie sich entspannt niedergelassen haben, um unseren Ausführungen zu lauschen.

Interessant wird es, wenn durch weitere Signale ein gewisser Machtanspruch signalisiert wird.

Foto 26: Platzhirsch

Hierzu gehören lang ausgestreckte Beine, die sehr männliche Sitzart, nämlich mit einer Wade auf dem Knie des anderen Beins, oder die entspannte Art, mit dem Allerwertesten im Sessel herunterzurutschen. Wenn zusätzlich noch die Ellenbogen weit ausgefahren werden oder die Arme weit über die Stuhllehnen heraushängen oder wenn die Hände sich hinter dem Kopf verschränken, dann sind dies alles Zeichen, dass der Platzhirsch sein Machtrepertoire beherrscht.

Wie in allen Situationen des Lebens gibt es auch in dieser Menschen, wie beispielsweise die Introvertierten, die dieses Breitmachen als überheblich, arrogant oder als nicht angebracht empfinden. Sie sehen es als einen persönlichen Affront gegen sich und lassen sich durch diese Machtdemonstrationen schnell aus dem Konzept bringen.

Der Führungsanspruch, der im Normalfall dem Redner zugesprochen wird, wird durch dieses Verhalten anscheinend untergraben.

Mein Tipp

Sehen Sie die Macht demonstrierenden Verhaltensweisen als die natürlichste Sache der Welt an und konzentrieren Sie sich auf Ihre Rede. Platzhirsche und deren Machtspiele gibt es seit Menschengedenken und wird es immer geben. Gewöhnen Sie sich daran! Das hilft enorm.

Das scheue Reh

Das sogenannte scheue Reh hingegen nimmt sich meist nur eine schmale Sitzfläche seines Stuhlpolsters und keinen Millimeter darüber hinaus. Diese Zuhörer machen sich eher schmal, was ohne Weiteres auf andere Lebensbereiche ausgeweitet werden kann.

Die Beine tingeln eher in der Nähe der Stuhlbeine herum und die Arme liegen mit Vorliebe locker im Schoß. Keinesfalls hängen sie lässig über der Stuhllehne. Niemals würde dieser Zuhörer während einer Rede mit seinem Allerwertesten in den Tiefen seines Stuhls versinken. Anstand, Höflichkeit und Respekt vor dem Redner sind bei dieser inneren Haltung die treibenden Kräfte, so etwas zu unterlassen.

Beim Redner ist er sehr beliebt, weil er sämtliche Attribute eines guten Zuhörers aufweist und ihm damit die nötige Sicherheit gibt, eine gute Rede zu halten.

Foto 27: Scheues Reh

Er macht sich körpersprachlich schmal und eröffnet dem Redner damit die Möglichkeit, sich breitzumachen und die Führungsaufgabe während der Rede zu übernehmen. Wenn dieser Zuhörer dann auch noch lächelt, ist er als positiver Ansprechpartner für den Redner nicht mehr zu toppen.

Diese zwei Typen müssen gar nicht tatsächlich so sein wie gerade beschrieben, aber sie wirken so auf den Redner.

Mein Tipp
Identifizieren Sie möglichst früh diese scheuen Rehe, denn sie geben uns Kraft und den nötigen Handlungsspielraum, uns auf unsere Rede zu konzentrieren.

4.2 Top- oder Flopverhalten

Manche Verhaltensweisen unterstützen den Redner in seinem Anliegen und einige verunsichern ihn.

Ein unsicherer Redner wird möglicherweise sehr viel schneller von einem Zuhörer eingeschüchtert, der mit überkreuzten Armen vor ihm sitzt, als ein sicherer Redner. Sitzen zum Beispiel drei Zuhörer mit überkreuzten Armen und weit ausgestreckten Beinen vor dem Redner, kommt bei ihm recht flott das Gefühl auf, dass diese drei mit seinen Inhalten nicht konform gehen und dass seine Inhalte floppen.

In einer normalen Situation wäre dies nicht weiter schlimm, da die Menschen im Allgemeinen von Haus aus sehr unterschiedliche Meinungen vertreten. Der alleine stehende und auch noch unsichere Redner lässt sich hiervon allerdings gerne ablenken, denn er hat ja den Anspruch, seine Zuhörer zu überzeugen. Dieser natürliche Trieb, bei Frauen übrigens sehr ausgeprägt, veranlasst ihn zu der Annahme, seine Zuhörer sollten mit ihm und seiner Meinung konform gehen. Er beschäftigt sich unter Umständen viel zu viel mit dem vermeintlichen Problem dieser offenbar andersdenkenden Zuhörer als mit seiner eigenen Rede.

Kontrollieren Sie also aus Gründen der eigenen Sicherheit kurz mögliche Ursachen für diese anscheinend distanzierten Zuhörer. Kontrollieren Sie beispielsweise die Temperatur im Rednerraum, denn wenn es zu kalt ist, schützen sich einige mit einer überkreuzten Armstellung.

Dieses Verhalten kann aber tatsächlich auf versteckte Einwände hinweisen, allerdings nur, wenn weitere Signale hinzukommen: Das könnten ein zurückgezogener Kopf oder eine skeptische Mimik sein. Wenn sich die Arme bei einem Zuhörer gar nicht mehr aus ihrer Verschränkung lösen wollen, können Sie in einem passenden Moment direkt nachfragen, ob alles in Ordnung mit ihm ist und ob er möglicherweise weitere Informationen benötigt, die ihm bisher zum Verständnis der Rede fehlten.

Das ist überhaupt das Schwierigste in der Kommunikation: auf ein körpersprachliches Verhalten, das wir bei Zuhörern bemerken, direkt und adäquat zu reagieren und nicht erst, wenn sie schon über alle Berge sind.

Ich glaube, das kennt jeder von uns: Im Nachhinein, vor allem wenn man uns beleidigt hat, fallen uns die tollsten Antworten und Reaktionen ein.

Fazit

Machen Sie aus einem vermeintlichen Flopverhalten ein Topverhalten.

Reagieren Sie noch direkter auf mögliche Einwände, die Sie in der Körpersprache Ihrer Zuhörer wahrnehmen. Dann können Sie sehr viel schneller den Kurs korrigieren. Das hat den Vorteil, dass Sie Ihre Zuhörer schon im Laufe der Rede von Ihren Inhalten überzeugen können.

Da wir keinem Zuhörer sagen können, dass er sich gefälligst anständig hinsetzen soll, haben wir nur die Chance, uns die Wirkungsweise so hinzudrehen, dass sie uns nicht verunsichert. Wenn sich also der introvertierte Redner von den Verhaltensweisen eines Platzhirschs persönlich angegriffen fühlt, kann ich nur dazu raten, es nicht persönlich zu nehmen und einfach in den Ausführungen fortzufahren.

Es sei denn, Sie wittern einen Einwand. Dann gibt's nur eins: Einwände herausfordern (siehe Rhetoriktipp 4.5).

Foto 28: Hat da jemand Einwände?

4.3. Bestuhlung gezielt gewählt

Ob das Publikum an einem runden oder eckigen Tisch, in Bankettform oder in Stuhlreihen sitzen soll, hängt vom Redeanlass ab. Denn so wie sich eine Hochzeit von einer Unternehmenspräsentation unterscheidet, unterscheidet sich eben auch die Bestuhlung voneinander. Jede Art hat ein unterschiedliches Anliegen und somit auch eine unterschiedliche Aussage und Wirkungsweise.

Wissensvermittlung in Stuhlreihen

Handelt es sich um sehr viele Zuhörer, bevorzugen die meisten Redner Stuhlreihen. Wenn der Redner nichts anderes tut als reden und die Zuhörer wirklich nichts anderes tun sollen als zuhören und sich auch nicht untereinander austauschen sollen, sind Stuhlreihen angesagt – vor allem, wenn der Redner, in diesem Fall meist ein Vortragsredner, ein sehr großes Publikum vor sich hat.

Runder Tisch oder eckige Auseinandersetzung?

Ist das Ganze etwas festlicher, kann sich der Redner für einen oder sogar mehrere runde Tische entscheiden. Hier können Hochzeitsgäste oder Kunden einer Kundenveranstaltung sitzen, sich austauschen, essen und trinken und dem Redner in entspannter Atmosphäre lauschen. Reden wir an einem runden Tisch, bedeutet dies, dass wir alle im selben Boot sitzen. Zumindest der Stimmung nach.

Die Außenminister der Europäischen Union setzen sich bevorzugt an einen eckigen Tisch, wenn sie Konfrontationen und »eckige« Auseinandersetzungen befürchten oder ihre Interessen wahren wollen. Der eckige Tisch sichert jedem seine eigene Seite.

Wenn sie aber die Kuh vom Eis kriegen wollen und gemeinsame Regeln zum Beispiel für den Klimaschutz entwickeln wollen, kommt es im Allgemeinen schneller zu einer Einigung, wenn die Kommission an einem runden statt einem eckigen Tisch sitzt.

Artus und die Ritter der Tafelrunde sitzen in Erzählungen ebenfalls an einer runden Tafel. Der Erzähler weiß, warum!

Präsentieren Sie sich vor einem Einstellungsgremium, sitzt dies meist an einer eckigen und länglichen Tafel, ähnlich der, die man aus *Deutschland sucht den Superstar* kennt. Dann können Sie davon ausgehen, dass dieses Gremium auf Hierarchien Wert legt. Dass Rotzlöffel Nummer eins nicht gerade ein partnerschaftlicher Typ ist, wird wohl inzwischen jedem klar sein. Erwarten Sie von einer Firma, die sich so präsentiert, kein partnerschaftliches Miteinander. Es sei denn, Sie neigen zum Masochismus. RTL sucht solche Leute.

Festliches Bankett

Beim Bankett haben wir einen deutlichen Unterschied zwischen den unwichtigen und wichtigen Plätzen, also denen, die eine Machtposition darstellen.

Die Tete, also der Kopf des Tisches, ist immer die Seite, die am weitesten von der Tür entfernt ist. Hier befindet sich der Chefplatz, denn von hier hat man den besten Überblick in den Raum. Von dieser Stelle aus kann man Störenfriede und andere Zuspätkommer wunderbar beobachten und natürlich Einfluss auf das Geschehen nehmen.

Der Stuhl der niedrigsten Hierarchie ist der Platz, der mit dem Stuhlrücken zum Ausgang zeigt.

Der Eckplatz neben der Tete wird gerne von dem bevorzugt, der sich offiziell nicht traut, diese Tete einzunehmen, dort aber eigentlich gerne sitzen würde.

Der Redner sollte also immer, wenn es ihm möglich ist, diesen Platz besetzen. Zumal er so ohne viel Aufwand seinen Führungsanspruch unterstreicht.

Befinden Sie sich allerdings in einem Verkaufsgespräch beim Kunden, sollten Sie die Finger von der Tete lassen, da ein Platzhirsch das nicht akzeptieren wird. Er wird Ihnen unter Umständen sogar die Hölle heißmachen, denn der Verlust des natürlichen Führungsanspruchs muss von ihm wieder ausgeglichen werden, indem er sich über die Maßen aufspielen muss. Das ist das Ende für jedes Win-win-Konzept, bevor es überhaupt begonnen hat.

U-Form für Schreiberlinge

Die U-Form, also die Form eines Hufeisens, bietet sich an, wenn Ihr Publikum ähnlich wie in der Schule mitschreiben muss. Sie unterstützt folglich eine lehrende Situation, die auch für die Kommunikation untereinander wie geschaffen ist, da sie einen kreisähnlichen Charakter besitzt. Die meisten Fortbildungen finden deshalb in U-Form statt.

Stuhlkreis fürs Miteinander

Der Stuhlkreis ohne Tisch bietet sich immer dann an, wenn es um menschliche Themen geht. In einem Meeting, in dem es möglicherweise um strukturelle Veränderungen im Unternehmen geht, bietet sich der Stuhlkreis besonders an; aber auch dann, wenn ein Brainstorming kreative Lösungen zutage bringen soll. Er hat den Vorteil, dass Sie damit eine ähnliche Situation schaffen, wie beim runden Tisch bereits angedeutet wurde, nämlich eine Atmosphäre der Gleichberechtigung. Immer wenn Sie Ihr Publikum mit ins Boot holen wollen, bietet sich diese Stuhlformation an.

Seminarleiter sollten ebenfalls den Stuhlkreis bevorzugen, da er es den Teilnehmern jederzeit ermöglicht, sich zu engagieren oder sich schneller zu trauen, sich einzubringen und etwas zu sagen. Das Engagement ist meist sogar höher, da die Teilnehmer nicht durch die Tische blockiert werden. Immer wenn Sie ein Vertrauensverhältnis aufbauen möchten, bauen Sie Barrieren ab, nämlich die Tische.

Mein Tipp
Bedenken Sie den Anlass und die Zielgruppe, wenn Sie Ihre Rede technisch vorbereiten.

4.4 Umgang mit Störern

Einer gegen alle.

Während das Publikum in situativer Verbrüderung verharrt, steht der Redner für sich alleine – schon alleine durch die vorgegebene Blickrichtung. Diese Besonderheit reicht einigen Menschen bereits, um sich gegen eine Rednerkarriere zu entscheiden. Andere wiederum gehen trotz dieses personellen Ungleichgewichts in die Höhle des Löwen und sprechen über Gott und die Welt oder Ingenieurskunst und Klimawandel.

Komischerweise werden die Redner, die von sich überzeugt sind, weniger von diesen sogenannten Störern mit Zwischentönen und kritischen Blicken behelligt als die, die von Beginn an einen unsicheren Ausdruck über ihr Gesicht oder ihre Haltung nach außen transportieren.

Wir haben bereits gehört, dass sich bei einem unsicheren Redner die äußere Schutzmuskulatur im Moment des Auftritts zusammenzieht. Diese ungewohnte Situation fällt somit unter die Rubrik *schützenswerte Situation*. Wegen der Verletzungsgefahr werden dann, wie bereits erwähnt, Arme vor der Brust verschränkt, Schultern hochgezogen und ein ausweichender Blick aufgelegt.

Vom Störer wird dieser sichtbare Mechanismus als mentale Schwäche angesehen. Das bedeutet: Eine gewisse Sorte von Störern in unserem Publikum, nämlich die, die durch schwächliches Verhalten auch noch Aufwind bekommen, schlägt dann gerne auch mal zu. Sprachlich gesehen.

Um diese Mechanismen besser zu verstehen, behelfen wir uns mit einer kleinen Analogie aus dem Reich unseres treuesten Haustiers: Wenn sich zwei Fiffis begegnen, weil ein Frauchen aus Eimsbüttel und ein Herrchen aus Winterhude dieselbe Idee hatten, nämlich Gassi zu gehen, dann unterscheidet sich dies visuell deutlich von einer menschlichen Begegnung. Hunde scharwenzeln, mit dem Schwänzchen wedelnd, umeinander herum und haben nichts anderes zu tun, als sich an einer Stelle zu beschnüffeln, die uns Menschen als Letztes bei einer Begrüßung einfallen würde.

Stellen wir uns aber Hunde in einer Stresssituation vor, wird das Szenario der hündischen Begrüßung unserer menschlichen Begrüßung schon ähnlicher. Dann bewegen sich die Hunde nicht mehr mit erhobenem Kopf und erhobener Rute scharwenzelnd aufeinander zu, sondern bleiben in sicherer Entfernung stehen. Der Stärkere, nämlich der Alpharüde, bewegt sich ähnlich einem Pfau und äußerst angespannt auf den anderen zu. Läuft der Stehengebliebene dann mit eingeklemmter Rute auf und davon, hat für den sogenannten Alpharüden die Jagdsaison begonnen. Der geflohene Hund kriegt jetzt genau das, was er ja eigentlich nicht wollte und vor dem er sich am meisten gefürchtet hat, nämlich ordentlich auf die Mütze. Der Alpharüde hat durch das ängstliche Verhalten des anderen Hundes Auftrieb bekommen, was ihm zusätzliche Stärke verlieh.

Obwohl wir keine Tiere sind, können wir bei uns Menschen immer wieder ähnliche Verhaltensmuster erkennen.

Wenn wir diese Hundesituation zum Beispiel in ein Gemeindehaus übertragen, in dem der Vorsitzende des Vereins zur Rettung der Ratte einen Vortrag über die Daseinsberechtigung dieser Gattung hält, könnten wir auch hier Parallelen finden: Wenn er mit eingezogenem Kopf, krummem Oberkörper, kaum Gestik oder verschränkten Armen an seinem Rednerplatz steht, darf er sich nicht wundern, dass er genau das bekommt, wovor er eben Angst hatte: Gegenwind.

Immer wenn wir schwächeln, sind Störer nicht mehr fern und schnell geweckt!

Es gibt im täglichen Leben eine Menge Situationen, bei denen ähnliche Mechanismen ablaufen.

Ist eine Fensterscheibe schon demoliert, wird der Rest ebenfalls eingeschlagen. Steht ein Kollege in einer Besprechung unter Beschuss, finden sich schnell weitere Kollegen, die aus Solidarität in dieselbe Kerbe hauen. Benötigt ein Fahrgast in der U-Bahn Hilfe und einer guckt weg, schauen auch die anderen verkrampft zu Boden. Hat der Redner Angst, Schweißhände zu bekommen, wird er genau diese kriegen.

Hat ein Störer erst einmal die Fährte aufgenommen, lassen andere Störer nur selten auf sich warten. Dieses Gesetz von »Aktion gleich Reaktion« oder »Wie ich in den Wald hineinrufe, so schallte es heraus« hat immer und überall Bestand.

Dass es auch Engel, Beschützer, eben auch die Netten gibt, ist überhaupt nicht die Frage. Wenn wir aber eine Rede halten, achten wir nur auf Gefahren, also auf die Störer, und nicht auf die netten und smoothy Zuhörer. Dass wir eher auf die Schlechtigkeiten und auf die Gefahren als auf die guten Dinge im Leben schauen, machen wir nicht grundlos.

Exkurs: Freund oder Feind?

Der Homo sapiens, also der, den wir sehen, wenn wir in den Spiegel schauen, hat in der Erdentwicklung erfolgreich überlebt und sich sogar gegen andere Spezies durchgesetzt.

Das Gesetz des Stärkeren hat seine Gültigkeit auch heute noch nicht verloren und findet in kultivierter Form seine Anwendung.[8]

Wenn sich in Urzeiten zwei ganzkörperbehaarte Menschen in der Weite der Tundra begegneten, ging es nur um eine einzige Frage: Bist du mein Freund oder mein Feind?

Blitzschnell mussten unsere Urahnen erkennen, ob ihnen einer an die Wäsche wollte oder nicht. Von dieser Einschätzung hing ihr Leben ab, und hier meine ich wirklich das Überleben. Ich meine nicht die kultivierte Form des Streits zwischen Ronaldinho und Klose im Strafraum. Es ist vollkommen klar, dass Ronaldinho Klose nicht gleich umbringt, nur weil der ihm an die Wäsche geht.

Die Fähigkeit, Feinde von Freunden zu unterscheiden, erlangten unsere Vorfahren natürlich nicht durch lockeres Geplauder, sondern zum einen durch das Verhalten des anderen, eben durch das, was der Körper ihnen zeigte, und zum anderen durch dessen Geruch, dessen Ausdünstungen. Unsere Urahnen konnten nämlich sehr gut und sehr bewusst riechen.

Heute können wir nur noch weniges wirklich bewusst riechen, aber sehr vieles unbewusst. Untersuchungen an männlichen Probanden ergaben beispielsweise, dass Männer auch heute noch unbewusst den Eisprung der Frauen riechen können. Laut finnischer Forscher! Eine erheiternde Vorstellung.

Fazit

Eine schnelle Einschätzung des körpersprachlichen Verhaltens ist eine Fähigkeit, die in uns Menschen tief verwurzelt ist und die uns in so mancher Situation das Leben rettete und noch heute retten kann.

In vielen Situationen übertreiben wir allerdings maßlos. Dann hören wir in einer Rede das Gras wachsen und stufen einige unserer Zuhörer als potenzielle Feinde ein. Und das nur, weil diese sich nach unserem Geschmack zu dominant verhalten und zu viel vom Platzhirschverhalten demonstriert haben.

Mein Tipp
Sie verlieren Ihre Angst vor Störern, indem Sie sich inhaltlich gut vorbereiten und indem Sie konsequent positiv über Ihr Publikum denken. Freuen Sie sich auf Ihre Zuhörer, denn diese sind Ihretwegen zum Vortrag oder zu der Rede gekommen. Hätten diese ausschließlich Interesse an Informationen, würde es ausreichen, ihnen eine CD in die Hand zu drücken. Das fänden dann die meisten von uns doch nicht so spannend, da wir uns eben auch gerne von Rednern inspirieren, belehren und uns sogar überzeugen lassen wollen.

4.5 Rhetoriktipp

Wenn Gegenwind droht – positiv auf Einwände reagieren

Einwände der Zuhörer sind für den Redner wichtig und hilfreich. Es sind Lebenszeichen unserer Zuhörer.

Manche Redner erhalten aufgrund der Redesituation prinzipiell keine Einwände wie etwa Vortragsredner. Menschen, die präsentieren, erhalten entweder direkt während der Präsentation oder in der anschließenden Diskussion Einwände.

Wenn Sie Einwände erhalten, greifen Sie sie auf oder fordern Sie sie heraus, denn nur offen ausgesprochene Einwände können wir mit einem Gegenargument entkräften. Auf einen nicht formulierten Einwand können wir nicht reagieren. Es sei denn, Sie haben wegen der körpersprachlichen Signale Grund zu dieser Annahme. Dann sprechen Sie diesen Zuhörer auf jeden Fall an und fordern Sie Einwände heraus.

Es gibt nichts Schlimmeres, als mit einem guten Gefühl aus einer Verkaufspräsentation herauszugehen, um Tage später zu erfahren, dass man doch zu teuer, zu langsam oder offenbar irgendwie nicht passend gewesen sei. Wenn wir Einwände direkt in der Präsentation erhalten, sollten wir immer darauf reagieren, um noch direkt vor Ort eine Kurskorrektur vornehmen zu können.

Die meisten Redner bezeichnen Einwände als störende Eingriffe in ihre Rede, da sie schnell als Kritik verstanden werden. Ein

Einwand ist aber nichts anderes als eine Meinung, die in diesem Moment nicht mit unserer Meinung konform geht. Wenn Sie sich tatsächlich davon gestört fühlen, weil Sie sonst den roten Faden verlieren oder weil Sie schon vorher wissen, dass Sie in einer Präsentation Gegenwind bekommen, dann beachten Sie folgenden Trick.

Mein Tipp
Kündigen Sie schon in der Einleitung an, dass Sie die Präsentation von der anschließenden Diskussion trennen werden. Fragen Sie Ihre Zuhörer, ob das okay für sie ist. Wenn jetzt auch nur ein einziger Zuhörer mit dem Kopf nickt, nehmen Sie dieses als Zustimmung. Wichtig ist hierbei, dass Sie wirklich auf dieses Zeichen warten. Erst dann können Sie zum Beispiel sagen: »Gut, dann machen wir das so.« Wenn nach dieser beidseitigen Verabredung auch nur ein Zuhörer mit Einwänden ankommt, die mehr als nur eine kleine Verständnisfrage sind, weisen Sie ihn auf die Vereinbarung hin und ermuntern Sie ihn, seine Einwände im Anschluss an die Präsentation zum Besten zu geben. Wenn Sie diesen Zuhörer noch auffordern, selbst daran zu denken, haben Sie auch noch die Verantwortung abgegeben und müssen sich damit nicht belasten.

Fazit

Auf Einwände überhaupt nicht zu reagieren, birgt die Gefahr, einen gekränkten Zuhörer zurückzulassen.

Nehmen Sie also Einwände unbedingt an, denn niemand ist gerne ein Noboby. Ein Zuhörer, der nicht beachtet wird, scheint nicht anwesend zu sein und wird zum Niemand degradiert.

Es gibt eine kleine, unkomplizierte Methode, die jedem Redner hilft, sachlich, positiv und knapp auf Einwände zu reagieren:

Die Zwei-A-Taktik

Die Zwei-A-Taktik ist hilfreich, um auf einen Einwand angemessen und sachlich zu reagieren. Die unten genannten Hilfssätze sind nur beispielhaft und können durch ähnliche Formulierungen ersetzt werden.

Bei dieser Einwandbehandlung geht es darum, dem Zuhörer zu zeigen, dass wir ihn wahrgenommen haben und dass wir ihn ernst nehmen. Was keinesfalls heißt, dass wir ihm beipflichten. Wir zeigen ihm lediglich, dass wir ihn bemerkt haben.

Hat ein Zuhörer folgenden Einwand: »Diese Idee hat sich bisher in unserem Unternehmen noch nicht durchsetzen können!«, gehen Sie so vor:

1. Das erste A steht für akzeptieren.
   Ihr Hilfssatz: »Ja, das kann ich aus Ihrer Sicht verstehen.«
2. Das zweite A steht für aufwiegen.
   Ihr Hilfssatz: »Aus meiner Sicht ...!«

Die Begriffe *aber* und *allerdings* werden beim Aufwiegen schnell und mit Vorliebe benutzt. Das hört sich dann so an: »*Allerdings* bzw. *aber* aus meiner Sicht ...«

Da diese zwei Begriffe dem Zuhörer als Widerrede erscheinen, gehören sie, wenn überhaupt, in den hinteren Teil des Aufwiegesatzes.

Schlagfertig sein heißt nicht gleich schlagen

Mit dem Begriff schlagfertig sein verbinde ich zwei Eigenschaften des Redners, die sich fast konträr auf das Publikum auswirken.

Mit der ersten Eigenschaft, nämlich mit dem Schlagen, können wir unser Publikum kaum überzeugen. Keiner lässt sich gerne schlagen und der Zuhörer erst recht nicht.

Im Allgemeinen sind Entertainer im Fernsehen äußerst schlagfertig. Einige davon tun sich hierbei besonders hervor mit derben Späßen, die vor allem unter die Gürtellinie zielen.

Das geht dann so weit, dass sie sich nicht nur über ihresgleichen lustig machen, sondern auch über Schwache und mütterliche Drogendealerinnen, diskriminierte Homosexuelle und über das eigene Publikum. Television total! Bei Couchpotatoes vorm heimischen Bildschirm kommt diese Art von Schlagfertigkeit vor allem bei jungen Leuten äußerst gut an, da der Angriff sie ja nicht persönlich trifft.

Den Hieb eines echten Redners ins Gesicht zu bekommen, ist allerdings weniger schön, vor allem wenn wir uns als Zuhörer freiwillig in eine Präsentation setzen. Sein Publikum zu schlagen macht keinen Sinn, denn dabei gibt es immer einen Verlierer. Partnerschaftlicher hingegen wäre es, wenn wir als Redner auf den Schlag fertig sind, und zwar fertig zum Parieren. Bringt ein Zuhörer einen Einwand vor, muss man als Redner ja nicht gleich zurückhauen. Man kann durchaus erst einmal seinen Geist einschalten.

Wenn also ein Zuhörer den Einwand bringt: »Diese Idee hat sich bisher in unserem Unternehmen noch nicht durchsetzen können!«, dann können wir ihn selbstverständlich schlagen und sagen: »dass Sie das sagen, war mir klar – bei Ihrem IQ!«

Nimmt der Getroffene nach so einem Schlag auch nur eine einzige Silbe von uns an oder kauft er uns etwas ab? Er wird uns für keine Macht der Welt sein Vertrauen schenken, womit wir uns unsere tollen Ideen getrost in die Haare schmieren können.

Sie können aber auch den Schlag parieren, indem Sie auf den Satz von eben erwidern:

»Aus diesem Grund hat die Geschäftsleitung auch mich mit diesem Projekt betraut!«

Wenn Sie diesen Schlagabtausch auch noch mit Humor betrachten, lächeln Sie bei dieser Antwort automatisch. Das hat zur Folge, dass Sie sehr freundlich, aber auch bestimmt auf Ihr Publikum wirken.

Mein Tipp

Wenn Sie Ihr Publikum überzeugen oder eine längerfristige positive Beziehung zu Einzelnen aufbauen wollen, dürfen Sie es nicht schlagen, auch wenn Ihnen vielleicht manchmal danach zumute ist.
Natürlich gibt es die notorischen Quengler in einem Meeting. Natürlich gibt es die resistenten Nichtveränderer bei einem Brainstorming. Natürlich gibt es diejenigen, die bei jedem Vorschlag die Rote Karte ziehen und bei jeder guten Idee ein gequältes Gesicht machen. Wenn Sie aber in jedem dieser Fälle konsequent positiv auf Einwände reagieren und sich nicht auf Nebenschauplätze begeben, machen Sie bei Ihrem Publikum eine gute Figur, denn das wirkt charakterfest und souverän.

5. Bildhaft reden – die Gestik

Ob Merkel oder Beckenbauer, erfolgreiche Redner setzen Gesten ein, um andere Menschen von ihren Inhalten zu überzeugen. Gesten sind Ausdruck momentaner Gefühlsverfassungen oder Gedanken, die dem Redner im Moment des Redens durch den Kopf schwirren.

Gesten werden ebenso schnell wie spontan über das gesprochene Wort nach draußen in die Sichtbarkeit begleitet, da Sprache und Körpersprache zumindest bei einer Rede immer zusammengehören.

Wenn Sie abends eine Bar besuchen, um dort zu flirten, geht's natürlich auch ohne Worte und ausschließlich mit Ihrer Körpersprache.

Bei einer Rede gehören Wort und Geste zusammen. Wenn diese zwei auch noch zueinanderpassen, spricht man von einem kongruenten Auftreten.

Redner, die in der Öffentlichkeit stehen und reden, sollten nicht nur vorbereitet sein, sondern auch etwas bewegen wollen. Um dieses Ansinnen zu verstärken, setzt der Redner seine Gestik ein. Das wirkt bildhafter, lebendiger und motivierender.

Lässt er allerdings seine Arme seitlich hängen und drückt sie auch noch an die Seiten seines Oberkörpers, kann die Hand nicht handeln. Die Hand ist nun einmal unbestritten derjenige Körperteil, der greifen und anpacken kann und somit direkt mit dem Handeln verknüpft ist.

In seltenen Fällen ist es möglich, auch ohne Gestik zu überzeugen. Solche Redner haben eine hervorragende Rhetorik. Wenn sie dann auch noch eine interessante Stimme haben, kommen sie auch ohne körpersprachliche Unterstützung aus.

Alle anderen Redner, die diese zwei Fähigkeiten nicht in überragendem Maße besitzen, sollten die Körpersprache als Hilfsmittel und Verstärker einsetzen und nutzen. Das heißt jetzt aber keinesfalls, dass Sie Gesten von außen aufsetzen. Gesten sollten mit Ihren Worten und Emotionen in Verbindung stehen. Die meisten Gesten, die von Emotionen getragen werden, sind authentisch und damit überzeugend.

Falsch wäre es also, wenn Sie ohne die dazugehörige Emotion plötzlich eine Faust beim Reden machen würden. Dann sollten Sie Ihre Hände lieber in der Hosentasche versenken; denn Gesten, die aufgesetzt sind, wirken nicht authentisch.

Wenn Sie über Gesten nachdenken, haben Sie ebenfalls verloren, denn diese Spielerei kostet Sie Ihre Glaubwürdigkeit.

Sinnvoll ist es, sich wirklich in Rage zu reden und dann die kleine und natürliche Verspannung der Hand zu nutzen, um die Faust in diesem Moment in das Blickfeld des Zuhörers zu rücken.

Sie können sich nicht in Rage reden? Dann überprüfen Sie Ihr Thema und finden Sie heraus, ob Sie noch ausreichendes Engagement dafür verspüren. Ist dies nicht der Fall, geben Sie die Rede einem Kollegen oder bauen Sie sie um.

Sind Sie in einer Überzeugungsrede nur der Informationsverteiler, sparen Sie sich die kostbare Zeit. Es sei denn, Sie halten tatsächlich nur eine Informationsrede (siehe Rhetoriktipp 5.5).

Fazit

Alle Redner, die eine Überzeugungsrede halten, haben eine Mission, nämlich die Zuhörer von ihren Ideen, Vorschlägen, Meinungen oder Produkten zu überzeugen. Sie kommen daher um die Vorbildfunktion des Händlers nicht herum und sollten deshalb gestikulierend reden, um das Gesagte zu verstärken.

5.1 Wohin mit den Händen?

Wenn Sie Ihren Händen einen Freifahrschein zum Reden geben, indem Sie sie aus der Hosentasche entlassen, ist der erste Schritt getan, um überhaupt Gesten zu machen. Sich nicht zu verkrampfen ist ein weiterer Schritt. Das ist leichter gesagt als getan, stellt sich aber ein, wenn man ein wenig Erfahrung im Reden gesammelt hat.

Ebenfalls wichtig ist es, in der Rede nicht an Gesten zu denken!

Üben sollten Sie im täglichen Leben: Wenn Sie Ihrem Kollegen die aktuellen Umsätze mitteilen oder wenn Sie Ihrem Partner von Ihrem Arbeitstag berichten, während Sie gemeinsam in der Küche arbeiten, sind dies Situationen, die für das tägliche Üben gut geeignet sind.

Manchmal kommt der Hand auch die undankbare Aufgabe zu, die Fernbedienung für den Beamer zu halten. Manchmal werden sie und ihre Schwester auch in der Hosentasche versenkt und somit ebenfalls mundtot gemacht.

Und manchmal verhaken sich die Hände auch krampfartig ineinander, sodass sie ebenfalls handlungsunfähig werden.

Wollen Sie Ihr Publikum aber motivieren und in Bewegung versetzen, müssen Sie sich bewegen, denn ohne Gestik kann bei unserem Publikum der Impuls zum Handeln kaum entstehen.

Um die Gestik zu optimieren, reicht es, Gesten, die Sie bereits machen, nur ein wenig zu vergrößern. Wenn Sie also aus einer Gewohnheit heraus mit Ihren Händen einen kleinen Miniglobus vor Ihrem Hosenladen in die Luft malen, weil Sie vielleicht gerade von Globalisierung sprechen, sollten Sie versuchen, diesen Globus zu vergrößern und etwas anzuheben.

Alle Gesten, die unterhalb Ihrer Gürtellinie gemacht werden, können die Zuhörer kaum sehen. Spätestens ab der dritten Reihe können wir mit Gesten im negativen Bereich nichts mehr bewirken.

Mein Tipp

Sprechen Sie folgenden Satz laut aus und malen Sie hierbei einen Globus beim Wort »Globalisierung« in die Luft: »Die Globalisierung hat uns viele Vorteile gebracht.« Ist der Globus groß genug?
Und wie groß muss er sein, wenn die Globalisierung uns keine Vorteile gebracht hat oder wenn 800 Zuhörer in Stuhlreihen vor Ihnen sitzen?
Wollen Sie einen Inhalt gut hervorheben oder groß herausstellen, dann unterstreichen Sie ihn mit Ihrer Körpersprache. Wollen Sie hingegen einen Inhalt herunterspielen, sollten Sie dazu nicht unbedingt eine überschwängliche Geste machen.

Beidarmig oder einarmig?

Die meisten von uns haben eine aktive und eine passive Hand. Um die aktive Hand müssen Sie sich keine Gedanken machen, es sei denn, Sie gestikulieren nur in der negativen Ebene. Die passive Hand können Sie noch etwas stärker einsetzen, als es Ihrer Gewohnheit entspricht, zumindest wenn Sie wissentlich zu den introvertierten Minimalisten gehören.

Wenn Sie mit beiden Armen gestikulieren, kann das sehr ausdrucksstark wirken.

Foto 29: Capisci?

Gestikulieren Sie aus einer Gewohnheit heraus sehr gewaltig mit beiden Händen, also in Oberhofschönredner-Manier, würde ich auch mal einarmig gestikulieren. Der Ausdruck wird damit noch abwechslungsreicher und lebendiger.

Lebendige Ausdruckskraft ist sowieso eine der wichtigsten Rednereigenschaften, denn bei der Informationsflut und der Reizüberflutung, der wir uns täglich aussetzen, schafft es nur ein wirklich lebendiger Redner, das Publikum aus seiner verständlichen, aber doch häufig lethargischen Haltung herauszuholen.

Mein Tipp

Die Gestik sollte immer abwechslungsreich sein. Also einmal mit einer Hand gestikulieren, einmal mit beiden Händen, mal unten, mal oben und alle die Gesten nutzen, die gleich noch beschrieben werden.
Machen Sie allerdings immer nur die gleichen Gesten – die meisten Redner machen das übrigens –, wäre das so, als würden Sie immer denselben Satz sagen. Das ist weder lebendig noch abwechslungsreich.
Gesten unterstreichen, verdeutlichen und verstärken das Gesagte. Die Frage, wohin mit den Händen, erübrigt sich, denn sie haben permanent etwas zu tun.

Spätestens im nächsten Abschnitt werden Sie hierzu weitere Ideen bekommen.

5.2 Minimalisten und Oberhofschönredner

Um eine Übersicht über die durchaus sehr unterschiedlichen Facetten der Gestik zu erhalten, habe ich diese strukturiert und benannt. Ich unterscheide die aktiven Gesten, also diejenigen, die wir machen, wenn wir sprechen, in folgende Bereiche:

1. Drei Gestenebenen
2. Vier Gestenrichtungen
3. Weiche und harte Gesten
4. Eyecatcher-Gesten

Die passiven Gesten werden von den Zuhörern gemacht. Manchmal auch vom Redner, wenn er einem Einwand oder einer Frage zuhört.

Die aktiven Gesten

Sie gehören zur sprechenden Gestik, sind also diejenigen, die der Redner während des Sprechens macht und nicht, wenn er jemandem zuhört.

Drei Gestenebenen

Ähnlich den unterschiedlichen Ebenen eines Parkhauses gibt es bei der Körperrhetorik ebenfalls Ebenen, auf denen der Redner gestikuliert und die auf das Publikum unterschiedlich wirken.

Im Untergeschoss eines Parkhauses ist es düster, stickig und manchmal muffig. Im obersten Geschoss ist es hell und freundlich, da hier meistens das Dach fehlt. In der Mitte ist es undefinierbar, also neutral.

Bei näherer Betrachtung erkennen wir auch bei Gesten eine negative, eine positive und eine neutrale Ebene.

1. Negative Gestenebene

Gesten, die im Zusammenhang mit negativen Inhalten stehen, werden meist unbewusst in der unteren, also der negativen Ebene gemacht. Auch Inhalte, über die wir uns selbst noch nicht ganz im Klaren sind, oder Aussagen, die uns eigentlich egal sind, werden mit Vorliebe in dieser negativen Ebene von Gesten begleitet.

Diese Ebene wird vorzugsweise von den Rednern benutzt, die verkrampft oder bequem sind oder die keine Erfahrung im Reden haben. Meist gleicht sich auch die Mimik an diese negative Art der Gestikulation an, was man auf dem Foto unschwer erkennen kann.

Sie können aber auch zu den Minimalisten gehören, also zu denen, die von ihrem Typ her zu einer reduzierten Körpersprache neigen. Mit negativen Gesten können wir keinen Blumenpott gewinnen, denn diese Gesten wirken teilnahmslos, nicht aktivierend, langweilig, ja sogar gleichgültig und abwertend. Eben negativ.

Foto 30: Negative Gesten

Bildlich gesehen wuseln die Hände hierbei zwischen Knien und Genitalien herum. Wenn sich dann auch noch die Schultern heben, um im nächsten Moment wieder entmutigt zu fallen, wirkt dies auf den Zuhörer ganz besonders entmutigend.

Aber nicht nur das, der Redner wirkt, als hätte er absolut null Ahnung von seinen Inhalten und würde nur mäßige Lust verspüren, seinem Publikum etwas mitzuteilen. Wäre diese Wirkung bekannt, würde mit Sicherheit kein einziger Redner in dieser Ebene gestikulieren.

Bundespräsident Horst Köhler neigt zu Gesten der negativen Ebene, was gut zu beobachten ist, wenn er ohne Pult redet. Er gehört auf jeden Fall zu den Minimalisten.

In einigen Situationen wird der gestische Inhalt auch wie mit einem Mopp über die Schulter oder die Flanken nach hinten gefeudelt. Zum Allerwertesten. Der Inhalt wirkt dadurch nicht nur negativ, sondern auch noch nicht angesagt – vorbei, bereits geschehen oder ad acta gelegt. Das liegt wiederum daran, dass der Bereich hinter dem Redner die Vergangenheit darstellt.

2. Neutrale Gestenebene

Die neutrale Gestenebene befindet sich etwas höher. Sie liegt zwischen dem Genitalbereich und dem Hals. Gucken Sie also genau so ungläubig wie ich auf dem Foto, heben sich Ihre Hände fast automatisch in die neutrale Gestenebene.

Sie wirken weder negativ noch sonderlich positiv und somit neutral. Redner, die aus Gewohnheit im negativen Bereich gestikulieren, können zur Hilfe einen Stift in die Hand nehmen und landen mit diesem Trick automatisch in der neutralen Ebene.

Zwar fällt vorerst der unterstützende Aspekt der Gesten unter den Tisch, weil die Hände ja den Stift halten müssen, doch das ist immer noch besser, als wie ein Pinguin zu gestikulieren, indem man seine Arme an den Oberkörper klemmt und seine gestische Aufmerksamkeit ausschließlich dem Negativbereich schenkt.

Wer sich die Option der gestischen Unterstützung nicht nehmen lassen möchte, benötigt den Stift natürlich nicht zwingend. Sie können Ihre Hände auch in einer lockeren Zweisamkeit vor dem Bauch postieren – oder auf dem Bauch.

Diese lockere Zweisamkeit der passiven Gesten gibt es in unterschiedlichen Varianten: betende Hände, flehende Hände, Fingerspitzen, die aneinandergedrückt werden, oder einfach nur Hände, die locker ineinandergelegt sind.

Foto 31: Neutrale Gesten

Foto 32: Hände vor oder auf dem Bauch

Foto 33: Fingerspitzengefühl

Aus diesen vier Positionen heraus finden die Hände sehr viel schneller zu ihrer Bestimmung, nämlich das Gesagte zu unterstützen.

Exkurs: Körpersprache ist unsere Muttersprache

Uns körpersprachlich zu artikulieren, haben wir von klein auf gelernt. Da wir in den ersten zwei Jahren unseres Lebens der Lautsprache noch nicht mächtig waren, mussten wir uns wohl oder übel mit Händen und Füßen verständigen. Jeder wusste, was gemeint war, wenn wir als Kinder die Zunge rausstreckten, mit dem Kopf schüttelten, uns auf den Boden warfen oder einfach nur mit den Händen erklärten, dass wir sofort unseren Saft haben wollten.

Diese natürliche Bewegung wurde einigen von uns im Erwachsenenalter wieder aberzogen. Sprüche wie »Fuchtel nicht so mit deinen Händen herum«, »Steh still« oder »Mach die Ellenbogen ran« haben unseren natürlichen Drang zu gestikulieren zunichtegemacht.

3. Positive Gestenebene

Die positive Gestenebene beginnt am Hals und geht bis zur äußeren Peripherie unseres vorderen und oberen Bewegungsradius, der durch unsere ausgestreckten Arme gekennzeichnet wird. Also vom Hals Richtung Universum.

Auf dieser Ebene formulieren wir Gesten, die mit schönen, überragenden und zukunftsweisenden, eben positiven Inhalten in Verbindung stehen. Wir erreichen sie nur, wenn unsere Arme die schützenden Positionen an der rechten und linken Flanke verlassen. Dieser sichere und doch ungesicherte Zustand stellt sich ein, wenn wir bereits Redeerfahrungen gesammelt haben oder wenn wir zu den typischen Vortragstypen gehören, die ihr gesamtes Leben nichts anderes getan haben, als vor Leuten zu reden – eben Oberhofschönredner.

Sie kennen sicherlich Vorgesetzte oder Kollegen, die in jeder kleinen Diskussion hervortreten, um ihren Senf dazuzugeben – auch ungefragt. Da brauchen nur drei bis vier Kollegen diskutierend beieinander zu stehen und schon sind sie da.

Foto 34: Positive Gesten – Richtung Universum

Ich empfehle jedem Minimalisten, sich diesen kleinen Gruppen aktiv anzuschließen. Sie sind ein hervorragendes Übungsfeld. Außerdem macht es mutig. Mutig sein ist ebenfalls eine Fähigkeit, die wir als Redner benötigen und die zum Reden in der Öffentlichkeit selbstverständlich dazugehört.

Mutig Fehler zu machen und zu diesen Fehlern zu stehen, ist wohl eine der schwierigsten Aufgaben unserer Zeit. Jeder will perfekt sein, obwohl dieser Zustand überhaupt nicht existiert. Es gibt keine absolute Perfektion. Wer das denkt, hat unser Schulsystem und dessen Zensuren zu sehr verinnerlicht. Das Streben nach dem Glück oder der Eins im Zeugnis und die Enttäuschung über das Mangelhaft haben uns jegliche Experimentierfreude genommen. Haben Sie Mut zur Unvollkommenheit!

Mein Tipp

Stellen Sie sich aufrecht hin und sagen Sie den folgenden Schlusssatz: »Wir von MUT sind 100-prozentig von unserer Idee überzeugt und hoffen, wir konnten Sie ebenfalls von dieser Idee überzeugen. Vielen Dank!« Hierbei lassen Sie Ihre Arme an der Seite herunterhängen. Wenn es Ihnen beliebt, können Sie auch im unteren Bereich ein wenig herumwischen, um die Inhalte noch weniger überzeugend darzustellen.
Jetzt andersherum: Sie heben Ihre Arme in den neutralen Bereich, während Sie den Satz noch einmal sprechen, und legen Ihre Hände locker ineinander. Und noch eine Verstärkung: Sie heben Ihre Arme in den neutralen Bereich und zu den Begriffen Wir und Sie machen Sie jeweils eine Geste zu Ihrer Brust und zum vermeintlichen Zuhörer hin.

Die Unterschiede werden über das eigene Tun sehr schnell deutlich. Versuchen Sie, Ihre Gesten der Intensität Ihrer Inhalte anzupassen.

Wenn Sie von tollen, großartigen oder hervorragenden Erlebnissen sprechen, dann achten Sie einmal verstärkt auf die Intensität der dazugehörigen Gesten. Erscheinen und wirken Sie kongruent?

Vier Gestenrichtungen

Für unsere Rede stehen uns nicht nur die drei Ebenen zum Gestikulieren zur Verfügung, sondern auch vier Richtungen:

Wir unterscheiden den Gestenbereich von vorne nach hinten und von rechts nach links. Bildlich gesehen stehen wir in der Mitte eines Schraubenkreuzes für Autoreifen.

Zukunft, Gegenwart und Vergangenheit

Der Bereich vor uns und hinter uns steht stellvertretend für die Zeit. Wenn wir von dem bevorstehenden und lang ersehnten Gang an die Börse oder von der Zukunft unseres Unternehmens sprechen, weisen unsere Hände automatisch in den vorderen Bereich. Handelt es sich dann auch noch um eine positive Zukunft, weisen die Hände in die vordere und obere Ebene. Wird es ein Desaster, natürlich in die vordere und untere Gestenebene.

Foto 35: Zukunftsgeste

Sprechen wir von der Gegenwart, gestikulieren wir direkt vor unserem Körper. Also im Hier und Jetzt oder an Ort und Stelle.

Wenn wir Inhalte der Vergangenheit zuordnen möchten, werden die entsprechenden Gesten auch schon einmal über die Schulter geschubst oder rüde nach hinten über die seitlichen Flanken in Richtung Boden gefeudelt.

Foto 36: Vorbei!

Wort und Bewegung gehören zusammen, und wenn diese auch noch eine Einheit darstellen, also kongruent erscheinen, wirken wir authentisch. Erzählen wir allerdings von unseren tollen, überdurchschnittlichen oder unglaublichen Erfolgen im Unternehmen und unsere Gestik bleibt hierbei im unteren Bereich und ist darüber hinaus auch sehr minimalistisch, wirken wir nicht authentisch.

Wer nicht authentisch wirkt, kann nicht überzeugen, da wir Menschen uns nur von jemandem überzeugen lassen, dem wir glauben, weil er Glaubhaftigkeit vermittelt.

Wenn diese sogenannte Inkongruenz, die Unstimmigkeit zwischen Wort und Bewegung, unbewusst beim Zuhörer ankommt, wird er skeptisch und distanziert sich vom Redner. Distanziertes Verhalten des Zuhörers ist nicht vorteilhaft für den Redner, denn ein distanzierter Zuhörer ist äußerst schlecht zu überzeugen. Hier wird deutlich, wie wichtig es ist, dass Wort und Bewegung kongruent oder deckungsgleich erscheinen.

Wenn Sie allerdings eine monotone Stimme haben, kaum gestikulieren und zu den Minimalisten und Introvertierten gehören, ist dies zwar kongruent und authentisch, aber keineswegs überzeugend.

Mit einer rein sachlichen Rede, die sich ausschließlich auf Inhalte stützt, kann heute keiner mehr überzeugen. Die Monopole sind abgeschafft und die Anbieter sitzen dicht an dicht und ähnlich konturlos wie die Hühner auf der Stange.

Kaum ein Kunde hat bei diesem überdimensionalen Angebot noch Orientierung. Daher versucht er, sich an irgendeinem Kriterium wie Preis, Lieferzeit oder Qualität zu orientieren. Wenn der Preis allerdings gleich, die Lieferzeiten dieselben und die Qualität identisch ist, dann bleibt nur noch ein einziges Kriterium, um den Kunden, Geschäftspartner oder Andersgesinnte zu überzeugen. Und das sind Sie!

Mein Tipp
Beziehen Sie den vorderen und hinteren Gestenbereich noch stärker in Ihre Rede ein. Jeder kann langsam und stetig dazulernen. Auch ein Minimalist kann nach und nach den gesamten Arm beim Gestikulieren benutzen. Wer oder was hindert uns daran, den gesamten Arm in die Zukunft zu recken? In diesem Moment nicht einmal mehr die Unwissenheit.

Mit Gesten zum Vergleich

Gesten, die kurz hintereinander auf der rechten und der linken Seite platziert werden, verdeutlichen meistens einen Vergleich. Zum Beispiel zwischen Pro und Kontra, Vorteil und Nachteil oder Max und Moritz. Die meisten Redner nutzen nur eine kleine Spanne von 30 bis 40 cm zwischen rechts und links. Das war's!

Foto 37: Vergleichsgeste

Foto 38: Kaum Spielraum

Wenn wir als Redner aber im Stand- und Spielbein stehen, hat der Körper deutlich mehr Aktionsradius und kann seine Hände weit nach links oder rechts ausstrecken. Hierdurch besetzt er auch noch sein seitliches Territorium, also mindestens weitere 20 bis 30 cm, und wirkt dadurch noch eine Spur präsenter.

Aber auch wenn Sie mit beiden Beinen auf dem Boden stehen, haben Sie eine Menge seitlichen Spielraum.

Foto 39: Viel Spielraum

Mein Tipp
Nehmen Sie sich gestisch allen Platz, den Sie an den Seiten kriegen können! Im Stand- und Spielbein zu stehen unterstützt Sie dabei.

Weiche und harte Gesten

Diese sind eher unkonkreter Natur und hinterlassen kaum eine Bewegung, die das Auge des Zuhörers bewusst bemerkt. Trotz alledem haben sie eine sehr starke Wirkung auf das Publikum.

Weiche Gesten

Die weichen Gesten sind rund und eben weich und wirken verbindend und gefällig. Ein- oder zweiarmig werden sie während des Redens in Form von Achten in den vorderen Gestenbereich gemalt.

Foto 40: Weichmacher

Würden wir diese Gesten im Anschluss an eine Rede sichtbar machen, hätten wir ein Knäuel von Linien vor uns hängen, ähnlich den bunten Kabeln, die von einem Amateurtechniker aus einer Telefonanlage gerissen wurden. Diese Kabelknäuel können unterschiedlich groß sein.

Während ein Minimalist eher ein kleines und luftiges Knäuel vor sich hätte, hätte ein Oberhofschönredner wahrscheinlich eines vor sich, das entfernt an eine Achterbahn erinnert, die wir vom Dom, dem Jahrmarkt oder der Kirchweih her kennen.

Weiche Gesten können wir in unserem gesamten Gestenterritorium platzieren. Rechts, links, oben, unten, vorne und hinten. Wollen wir damit allerdings auf eine Gefahr hinweisen, werden wir nicht besonders ernst genommen, da sie zu weich wirken.

Stellen Sie sich einen Oberfeldwebel vor, der seine Rekruten mit weichen Gesten zum Abmarsch auffordert. Das wirkt genauso unglaubwürdig, als würde Friedrich Merz uns seine Rede im Bundestag vorsteppen.

Wollen wir hingegen gerade zu Beginn einer Rede eine Beziehung zum Publikum aufbauen, sind die weichen Gesten hierfür wie geschaffen.

Mein Tipp

Wenn Sie durch weiche Gesten unsichtbare Verbindungen, gleich unsichtbaren Spinnenweben, zwischen dem Publikum und sich selbst knüpfen, ist der Grundstein für eine gute Beziehung gelegt.

Harte Gesten

Diese Gesten werden immer dann hinzugezogen, wenn es um eine klare Ansage geht: »So geht das nicht weiter«, »Das lassen wir uns nicht gefallen« oder »Keine Widerrede!« Sie wirken strukturiert, klar und zur rechten Zeit auch dominant und impulsiv.

Foto 41: Klare Ansage 1

Foto 42: Klare Ansage 2

Diese drei Sätze können wir, laut ausgesprochen, nicht mit weichen Gesten unterlegen, dann würde uns kein Mensch glauben.

Die harten Gesten zeichnen sich durch klare, gerade Linienführung und Eckigkeit aus. Meist ist die Hand dabei flach ausgestreckt und gleicht der eines Karatekämpfers. Der General von eben kann seine Ansage vor den Rekruten mit dieser Gestenart enorm unterstützen.

Franz Müntefering ist ein Beispiel für Menschen mit einer Vorliebe für die harten Gesten. Kombiniert mit übermäßigem Gebrauch der *direkten Rede,* lässt sich erahnen, dass wir es bei ihm mit einem ehemaligen Gewerkschafter zu tun haben (siehe Rhetoriktipp 5.5).

Mein Tipp
Wenn Sie jemanden zu einer Kursänderung auffordern wollen, geht dies nur mit klaren und harten Gesten.

Eyecatcher-Gesten

Diese Gesten haben einen dermaßen starken Ausdruck, dass wir als Zuhörer nicht an ihnen vorbeischauen, geschweige denn uns ihrer Wirkung entziehen können. Zu den Eyecatcher-Gesten gehören Fäuste, Zeigefinger, das Roger-Zeichen oder das Fingerreiben.

Unser Altbundeskanzler Gerhard Schröder hat Eyecatcher-Gesten aktiv angewandt. Seine Erfolge: immerhin sieben Jahre Macht.

Die Menschen auf unserem Globus sind sehr unterschiedlich, sodass sich auch die Eyecatcher-Gesten in den unterschiedlichen Ländern in ihren Aussagen voneinander unterscheiden.

Das Roger-Zeichen kommt ursprünglich aus dem Amerikanischen und bedeutet das, was es aussagt: alles Roger! In Japan gilt es als Zero-Zeichen und steht für null. Null Umsätze.

Ich möchte hier nur die geläufigsten Eyecatcher-Gesten vorstellen, denn wer wird in seinem Vortrag schon die lateinamerikanische Geste des gehörnten Ehemanns einsetzen, wenn er seine Mitbewerber verhöhnen möchte?

Faustschlag

Wenn Sie brisante Themen ansprechen oder ein Donnerwetter loslassen wollen, kann die Faust dieses Donnerwetter unterstützen. Eine Faust wirkt entschlossen und dominant und beinhaltet eine Menge Überzeugungsenergie.

Foto 43: Faustschlag

Allerdings nur, wenn sich das Donnerwetter auch emotional im Redeinhalt widerspiegelt. Wird die Faust wie einstudiert in die Luft gehalten, als wäre sie bestellt und nicht abgeholt, dann können wir damit nicht punkten, weil es nicht kongruent wirkt.

Ein Faustschlag hingegen streckte schon so manchen Gegner nieder. Ihre Zuhörer sind im Großen und Ganzen aber keine Gegner. Geben Sie deshalb darauf acht, dass Sie die Distanzzonen zu den vorderen Zuhörern einhalten, wenn Sie sich in Rage geredet haben.

Zeigefinger – Aufgepasst

Der Zeigefinger weist den Zuhörer auf einen besonderen Inhalt oder ein besonderes Chart hin. Hier wird seine Aufmerksamkeit angesprochen: Achtung, aufgepasst!

Foto 44: Achtung, aufgepasst!

Setzt der Redner allerdings permanent seinen Zeigefinger ein, meist aus einer Gewohnheit heraus, und neigt sich der Oberkörper zusätzlich leicht nach vorne, kann dies belehrend auf den Zuhörer wirken. Besserwisser sind keine Sympathieträger.

Als Schüler wurden wir von unseren Lehrern belehrt. Da viele von uns dies nicht mehr so recht mögen, weil wir ja jetzt Erwachsene sind und lieber selbst belehren, reagieren wir empfindlich auf die Zeigefingerbelehrung.

Nutzen Sie den Zeigefinger nur, wenn sich das Publikum in Habt-acht-Stellung begeben soll oder wenn Sie die Aufmerksamkeit auf einen bestimmten Inhalt lenken wollen.

Als abgeschwächte Variante rate ich allen notorischen Zeigefinger-Liebhabern, statt des einen Fingers auch mal die gesamte Hand zu benutzen.

Alles Roger!

Diese Geste kennen wir aus dem Sport oder aus Fliegerfilmen.

Foto 45: Alles Roger!

Wenn der Pilot oder der Rennfahrer bereit zum Start ist, gibt er dem Techniker das Roger-Zeichen: Zeigefinger und Daumen schließen sich bei dieser Geste zu einem Kreis zusammen, der dann meist auf Brusthöhe mit einer abrupten Bewegung in die Luft gestellt wird.

Diese Geste wird gerne verwendet, wenn wir eine Behauptung unterstützen oder eine klare Ansage machen wollen, bei der wir keine Widerrede dulden.

Die O.K.-Geste, bei der der Daumen nach oben gerichtet ist, während die restlichen Finger eine Faust machen, ist von der Aussage ähnlich zu verstehen.

Fingerreiben – sensible Angelegenheit

Wenn wir in einer Hamburger Hafenspelunke die Rechnung verlangen, machen wir dem Wirt das Zeichen für »Ich will zahlen!«

Foto 46: Das ist eine sensible Angelegenheit!

Daumen, Zeigefinger und Mittelfinger reiben sich gegeneinander, als ob sie eine Substanz zwischen den Fingern zerbröseln wollten.

Wenn es in Ihrem Vortrag um eine sensible Angelegenheit geht, zu der Sie eine differenzierte Aussage machen wollen, können Sie diese Geste einsetzen. Auch wenn es sich um einen feinfühligen, mit viel Gespür vorgetragenen Vorschlag handelt, kann diese Geste zum Einsatz kommen.

Um die Aufmerksamkeit des Publikums zu binden, sollte das Tempo des Zerbröselns deutlich langsamer sein als das Zeichen für das Geldloswerden. Mit dieser Geste sensibilisieren Sie Ihr Publikum für das Thema und steigern die Aufmerksamkeit. Setzen Sie diese Gestik immer dann ein, wenn es um Angelegenheiten geht, in denen Feingefühl gefragt ist.

Die passiven Gesten

Bei einer Rede vor mehreren Zuhörern übernimmt der Redner immer den aktiven Part und macht somit nur wenige passive oder zuhörende Gesten.

Gelegentlich kommt es allerdings vor, etwa nach einer Frage oder einem Einwand, dass er eine passive Geste macht. In diesem Moment ist er in der Rolle des Zuhörers.

Der Klassiker

Hören Sie jemandem zu, bieten sich die schon erwähnten locker ineinandergelegten Hände an. Auch die klassische Zuhörergeste, die die Kunstbeflissenen unter Ihnen kennen werden, ist jederzeit möglich. Rodins »Denker« ist hierfür ein Beispiel.

Hierbei hat man die eine Hand quer unter den Brustkorb gelegt und die andere Hand irgendwo am Kopf platziert. Vorzugsweise am Kinn, wobei der dazugehörige Ellenbogen auf dem anderen Arm in Höhe des Handgelenks stehen kann.

Foto 47: Nachdenklich

Hände in die Hüften gestemmt

Zarte Wesen können beide Hände in die Hüften stemmen. Alle anderen, vor allem diejenigen, die bereits leicht an der Überheblichkeitsmarke vorbeischrammen, sollten beim Zuhören nur eine Hand in die Hüfte stemmen.

Alle Friedmänner dieser Welt sollten diese Geste also besser unterlassen.

Foto 48: Was willst du?

Arme vor der Brust verschränkt

Arme vor der Brust zu verschränken sollten wir bei einer Rede prinzipiell unterlassen. Dies wirkt, vor allem mit ergänzenden Signalen, zu distanziert. Ergänzende Signale können sein: Gewicht auf dem hinteren Spielbein und zurückgezogener Kopf.

Ansonsten fühlen sich Redende in dieser Haltung außergewöhnlich wohl. Wegen der klischeebehafteten Aussage dieser Geste, sie sei grundlegend abwehrend, sollte sie jeder Redner aber unterlassen.

Foto 49: Beschränkt

Exkurs: Signalfärbung

Im Allgemeinen wirken wir nicht abweisend, wenn wir nur die Arme verschränken. Wir wirken abweisend, wenn sich weitere körpersprachliche Signale hinzugesellen: Wenn ein Redner immer auf dem hinteren Standbein steht, den Kopf leicht skeptisch nach hinten zieht und seine Mimik leicht überheblich ist, erst dann kann man davon ausgehen, dass ein Redner eher distanziert als aufgeschlossen ist.

Wenn ein Mensch sich immer gleich verhält, kann man von einer persönlichen Neigung ausgehen, die sich im Körper zeigt und eine Wirkung hinterlässt.

Um andere einzuschätzen, benötigen wir mindestens drei Signale einer Färbung. Erst dann entsteht eine halbwegs verlässliche Aussage.

5.3 Sich besser verkaufen

Nicht jeder Mensch ist dazu geeignet, Reden zu halten und sich zu verkaufen, womit wir wieder auf das Thema Authentizität stoßen. Diejenigen, die nicht in der Öffentlichkeit reden wollen, sind nicht geeignet. Wenn ein verschlossener, introvertierter oder minimalistischer Redner plötzlich anfängt, eine Eyecatcher-Geste an die nächste zu reihen, und dies auch noch im positiven Bereich, ist ihm das nicht sehr zuträglich. Er fühlt sich unwohl und ist nicht mehr er selbst. Beides ist vollkommen fehl am Platz.

Ein zugeknöpfter Redner, der von Haus aus eher introvertiert ist, aber trotz allem etwas zu sagen hat und dies auch vor einem Publikum sagen will, hat gute Chancen, auch ohne überschwängliche Gesten erfolgreich zu sein. Er kann aber im täglichen Leben üben, sich mehr Raum zu geben und die Gesten, die er ohne Zweifel macht, nämlich kleine Wischer hierhin und dahin, ein wenig zu vergrößern oder anzuheben. Sich Raum nehmen heißt: Ich habe jetzt das Sagen.

Diese kleinen Übungen und die darauf folgenden Verhaltensänderungen haben sogar Vorteile für den Alltag des Introvertierten. Wer sich nämlich in unserer Gesellschaft einen Platz nimmt, auch gestisch, wirkt selbstbewusst und stark.

Das Symbolisieren von Stärke hat eine unmissverständliche Wirkung. Hier spielt unser evolutionäres Erbe wieder eine entscheidende Rolle.

Nach wie vor benötigen einige Menschen eine Art Leitwolf, dem sie nachstreben, der ihnen Orientierung bietet und der das Rudel führt. Wenn wir uns besser verkaufen wollen – und damit meine ich nicht mit Leib und Seele, sondern das, was wirklich in uns steckt, eben zu verkaufen, auch in einer Rede –, dann sollten wir zum Leitwolf werden.

Jeder, der etwas erreichen will, sollte sich darüber im Klaren sein, wie er auf andere wirkt und ob das die Wirkung ist, die er haben möchte.

Wenn ein Wirtschaftsingenieur sich in einer Rede zu schmal macht, kein Territorium besetzt und nach außen nur eine mangelhafte Überzeugung transportiert, dann können die Zuhörer sein Know-how nicht sehen, das er zweifelsohne hat.

Introvertierte Menschen verkaufen sich häufig nicht gut genug. Schlimmer noch: Sie erwarten sogar von ihren Mitmenschen, dass diese ihre Kompetenz und Leistungen anhand von Arbeitsergebnissen, Zeugnissen und Zertifikaten erkennen und auch anerkennen. Viele warten jahrelang!

In unserer Kommunikation geht es auch heute noch darum, Macht zu haben, Macht auszuüben, Macht zu erhalten und um die Besetzung von Territorien. Menschen, die sich laut und körpersprachlich raumgreifend äußern, werden häufig sehr viel schneller befördert als Introvertierte.

Dominante Menschen gelten als Leitwölfe, denen man mehr oder weniger vertraut und folgt. Einige davon besitzen allerdings das Innenleben eines Pfaus und gleichen nur äußerlich einem Wolf, indem sie sich breitmachen und dominant auftreten. Der Introvertierte hat damit ein Problem vor der Nase: eine aufgeplusterte Führungskraft, die sich unter Umständen gut verkauft hat, aber viel heiße Luft produziert. Kennen Sie diese Situation des Introvertierten selbst, dann gibt es nur eins: Überholen Sie den vermeintlichen Leitwolf, indem Sie in Ihre Körpersprache investieren.

Mein Tipp

Je mehr Territorium Sie gestisch besetzen, desto selbstbewusster wirkt es. Das heißt natürlich, nicht mehr zu nehmen als nötig, denn wilde Fuchteleien und großspurige Bewegungen sind unnötig. Besetzen Sie Stückchen für Stückchen Territorium, bis Sie schnell und sicher danach greifen können.
Versuchen Sie, dazu etwas mehr Luft unter die Flügel zu bekommen, indem Sie den ganzen Arm statt nur den Unterarm und die Hand nutzen.
Es reicht, einige sprachliche Bedeutungsträger mit einer Geste im neutralen oder positiven Bereich zu unterlegen. Sprachliche Bedeutungsträger sind diejenigen Begriffe, die Sie selbst für wichtig erachten(siehe Rhetoriktipp 5.5).
Wenn Sie das beherzigen und üben, werden Sie sich zukünftig besser verkaufen können.

5.4 Wo bleibt die Begeisterung?

Das mit der Begeisterung ist so eine Sache. Wenn ich davon spreche, heißt das keinesfalls, dass sich ein Redner in körpersprachliche Raserei redet und am Rednerplatz herumrockt als sei der Leibhaftige hinter ihm her. Wenn ich von Begeisterung spreche, meine ich die innere Einstellung des Redners zum Thema.

Wenn zum Beispiel ein Ingenieur aus der Automobilindustrie aus den Tiefen seines Ichs von seinem Auto oder von einzelnen Karosserieteilen überzeugt ist, wird sein Publikum diese Begeisterung im Allgemeinen spüren. Erinnern wir uns ein weiteres Mal: Nur wer selbst brennt, kann andere entzünden. Wenn er für seine Sache eine natürliche Begeisterung empfindet, wird das Publikum dies merken, denn seine Stimme und seine Körpersprache transportieren diese Begeisterung über seine Bewegung nach außen.

Foto 50: Begeisterungsfähig

Passiert dies allerdings nicht, wird die Leitung von innen nach außen nicht genutzt; ist sie verkümmert oder verstopft, kann der Redner diese Leitung wieder aktivieren oder die Rede einem Kollegen geben, der für die Sache brennt und nicht auf seiner Leitung steht.

Rednern, die rein sachliche Reden halten und die nicht einen winzigen Funken Begeisterung ausstrahlen, möchte man weder zuhören noch etwas abkaufen.

Aber wie aktiviert man eine verkümmerte Leitung?

Leitungen freilegen

Hier kann es helfen, sich seiner Körpersprache bewusst zu werden, also immer wenn Sie von einer Sache wirklich überzeugt sind, die eigenen Hände zu beobachten. Fallen Ihnen dann bestimmte Bewegungen auf, versuchen Sie, diese in alltäglichen Gesprächen zu verstärken und einzubeziehen.

Manchmal kann es auch helfen, sich über die innere Einstellung zum Publikum Gedanken zu machen. Gerade Ingenieure denken häufig, Emotionen haben in einer technischen Präsentation nichts zu suchen. Wenn sie aber ihrem Partner vom neuen Sushi-Restaurant an der Ecke erzählen, erscheint wie von Geisterhand doch die eine oder andere Geste. Viele Ingenieure fahren ihre Emotionen bei einer Rede einfach runter und gehören dann zu den Schlaftabletten, denen keiner lange zuhören kann.

Warum denken bloß so viele Redner, dass Emotionen nichts in einer Präsentation zu suchen haben? Natürlich gehören Emotionen in eine Präsentation.

Exkurs: Die zwei Gehirnhälften

Jeder Mensch hat ein Gehirn, das in zwei Hälften unterteilt ist. Mediziner nennen diese Gehirnhälften Hemisphären, von denen wir eine rechte und eine linke besitzen. Die linke Gehirnhälfte verarbeitet logische, sachliche, abstrakte und rationale Inhalte und vor allem Details, die über unsere Sinne hereinkommen. Simpel ausgedrückt bedeutet dies, dass wir durch die Inhalte, die sachlicher Natur sind, also mit Daten, Zahlen und Fakten zu tun haben, und die Nachdenken und Reflektieren erfordern, die linke Gehirnhälfte des Zuhörers ansprechen.

Die rechte Gehirnhälfte verarbeitet emotionale, kreative und bildhafte Informationen, die ebenfalls über unsere Sinne hereinkommen. Über diese Gehirnhälfte nimmt der Zuhörer, alle Inhalte wahr, mit denen er emotional etwas verbindet. Das wiederum bedeutet, dass der Redner über seine Körpersprache, seine Stimme, seine Kreativität und seine bildhafte Sprache eine Verbindung zur rechten Gehirnhälfte des Zuhörers herstellen kann.

Hält ein Ingenieur also einen Vortrag oder eine Präsentation, die über die technischen Inhalte sehr »linkslastig« ist, erreicht er zwar die linke Gehirnhälfte seines Zuhörers, aber nicht dessen rechte. Der Zuhörer versteht genau, was der Ingenieur meint, fühlt sich aber emotional nicht angesprochen. In diesem Fall geht dem Redner die

Hälfte seiner Überzeugungskraft verloren, weil er die rechte Gehirnhälfte nicht einbezieht.

Jeder Mensch hat zwei Gehirnhälften. Auch Männer!

Wenn Sie überzeugen wollen und von Ihren Ideen oder Ihrem Produkt überzeugt sind, nutzen Sie Ihre Körpersprache, denn damit können Sie eine positive Beziehungsebene aufbauen, die Sie brauchen, um Ihr Publikum zu erreichen.

Wir können diese Gehirnhälften auch weibliche und männliche Gehirnhälften nennen. Wenn Sie als Mann in Ihrer Rede nur Männer und Frauen mit vielen männlichen Anteilen vor sich haben, dürfen die Informationen ruhig im Vordergrund stehen. Bei einem weiblichen Publikum führt das nicht selten zu kollektiven Gähnattacken.

Haben Sie Frauen und weibliche Männer, also welche mit sehr vielen weiblichen Anteilen in sich, ist es wichtig, die Informationen mit Beispielen und Vergleichen zu unterfüttern. Auch darf ein Zipfel Ihrer Persönlichkeit hervorblitzen, was bedeutet, in der Überleitung auch mal von persönlichen Erlebnissen zu sprechen oder mutig den eigenen Standpunkt zu verdeutlichen: »Ich bin der Meinung, dass ...!«

Bitte bedenken Sie vor allem als Mann, dass immer mehr Frauen entscheidende Positionen besetzen und Sie dann mit reiner Sachlichkeit nicht mehr weit kommen werden.

Fazit

Wenn wir uns mit dem Thema Körpersprache beschäftigen, speziell mit den Gesten, erweitern wir fast automatisch unsere Selbsterkenntnis. Das bedeutet, dass wir immer auch ein Stückchen von uns selbst neu kennenlernen, zumindest aber die eigene Wirkung auf andere reflektieren können.

Hat jemand anhand seiner kleinen und engen oder seiner großen und überschwänglichen Gesten einen neuen Wesenszug an sich entdeckt, hat dies nur Vorteile für seine zukünftige Kommunikation, denn reflektierte Menschen gehen auch mit ihren Mitmenschen besonnener um.

Mein Tipp
Verlassen Sie sich nicht auf den Zufall, dass im Publikum nur sachliche Minimalisten sitzen, die Ihre Sprache sprechen. Zeigen Sie Ihre Begeisterung für Ihr Thema und verkaufen Sie zukünftig das, was in Ihnen steckt. Zeigen Sie dem Publikum Ihre Begeisterung für das Thema!

5.5 Rhetoriktipp

Redeformen

In der Rhetorik unterscheiden wir drei Redeformen: Informationsrede, Festrede und Überzeugungsrede.

1. Informationsrede

Sie übermittelt Informationen wie zum Beispiel Controlling-Ergebnisse, Jahresabschlüsse oder andere Bekanntmachungen und Aussagen des Unternehmens, die ausschließlich der Informationsvermittlung dienen.

Bei dieser Redeform erscheinen in der Regel Zahlen und Daten, die meist in visuelle Spielereien verpackt sind und die dem Zuhörer Informationen vermitteln sollen.

Die ARD-Nachrichtensprecher benutzen diese Redeform täglich. In Amerika ist es mittlerweile jedoch üblich, aus Nachrichten eine Unterhaltungssendung zu machen: »My God – Schalten wir rüber zu Bob. Er hat mal wieder unglaubliche Informationen für uns.«

Körpersprachlich erscheinen uns diese Informationsnachrichten sehr theatralisch, was der Sache nicht immer dienlich ist. Unsere deutschen Wetterfrösche sind zurzeit ebenfalls stark von diesem Unterhaltungsvirus befallen.

Ich bin der Meinung, dass ein Nachrichtensprecher uns nicht vom Übel der Welt überzeugen muss, mit dem wir täglich überschüttet werden, sondern dass er uns einfach und schlicht die Informationen mitteilen soll. Ich mag die ARD-Nachrichten mit ihrer schlichten Sachlichkeit.

Die Informationsrede ist die einfachste Redeform und für jeden leicht anwendbar. Schlafen die Zuhörer allerdings dabei ein, könnte diese Rede rhetorisch, körperrhetorisch oder stimmlich aufgearbeitet werden.

Redestruktur für eine Informationsrede:

1. Was ist geschehen?
2. Wer hat es getan?
3. Wann ist es passiert?
4. Wo fand das Geschehene statt?
5. Wie ist das Geschehene abgelaufen?
6. Warum ist es dazu gekommen?

Bis auf den letzten Punkt soll die Struktur für eine Informationsrede harte Fakten transportieren. Der letzte Punkt lässt eine persönliche Interpretation zu, die bei einer reinen Informationsrede nicht unbedingt benötigt wird.

2. Festrede

Die Festrede ist schon etwas anspruchsvoller, denn sie soll nicht nur informieren, sondern auch amüsieren.

Sie wird bei festlichen Anlässen zum Besten gegeben und beinhaltet nur wenige Daten und Zahlen, dafür aber umso mehr Persönliches. Wenn der Jubilar jubiliert, eine junge Kollegin jovial begrüßt wird oder ein Chef in einer Laudatio geehrt wird, finden hier kleine Erzählungen oder Anekdoten ihren Platz.

Redestruktur für eine Festrede:

1. Anrede
2. Gruß
3. Anlass/Freude
4. Ehrung
5. Anekdote
6. Wünsche
7. Toast
8. Appell
9. Dank

3. Überzeugungsrede

Sie ist die schwierigste Form dieser drei Redeformen, denn hier will der Redner informieren, amüsieren und überzeugen. Sie ist die Redeform, um die es in diesem Buch geht, denn hierbei ist die Körpersprache unentbehrlich. Wenn Sie andere von Ihren Ideen, Vorschlägen, Meinungen oder Produkten überzeugen wollen, dann ist die Überzeugungsrede angesagt. Sie beinhaltet eine Argumentationsstruktur, also eine Beweisführung, die das Gesagte untermauert.

Redestruktur für eine Überzeugungsrede:

1. Anrede
2. Dank für die Worterteilung
3. Ausgangslage
4. Vergangenheit/Zukunft
5. Vorhandene/allgemeine Meinung
6. Meine Ansicht
7. Beweise/Widerlegung
8. Mahnung/Aufforderung/Bitte
9. Hoffnung und Dank

Rhetorische Stilmittel

Eine bildhafte Darstellung der Inhalte entsteht nicht nur durch sinnvolle Gesten, sondern auch durch eine bildhafte und natürlich verständliche Sprache. Wenn wir uns an die folgenden acht Punkte halten, wird eine Rede klarer, direkter, verständlicher und spannungsvoller.

Eine besondere Note erhält die Rede auch durch die direkte Rede, was uns wiederum die Möglichkeit gibt, eine Geste zu uns selbst oder zu unserem Publikum zu machen.

Das betonte Sprechen und die Bedeutungsträger

In unserer Sprache existieren festgelegte und frei gewählte Bedeutungsträger. Das sind die Begriffe, denen im Satz die meiste Bedeutung zukommt.

Festgelegt ist beispielsweise die Art und Weise, wie wir unser Publikum begrüßen: »Meine *Damen* und *Herren*«. Die kursiven Begriffe haben in der Anrede die meiste Bedeutung und werden sprachlich betont.

Frei wählen kann ich in dem weiteren Satz: »*Ich freue* mich über Ihr *großes Interesse* an diesem Thema.« Schnell wird klar, dass wir nicht zu jedem Bedeutungsträger eine große Geste machen sollten, denn dann würde ein Gefuchtel entstehen, das manchen Sorge bereiten würde. Zu Recht!

Die sprachliche Betonung geht einher mit der körpersprachlichen Betonung. Hier wird besonders die Gestik eingesetzt, manchmal auch der gesamte Körper, der sich kurz nach vorne beugt, oder nur der Kopf, der bei der Betonung kurz nickt.

Bei den unbetonten Begriffen ruht die Körpersprache, um bei den betonten Begriffen in eine Aktion zu starten.

Bei dem eben genannten Satz reicht es, sich körpersprachlich einen oder zwei Bedeutungsträger auszuwählen und dazu eine Geste zu machen. Wenn Ihnen die Damen und Herren wichtig sind, dann können Sie diese gestisch begrüßen; ist Ihnen das große Interesse wichtig oder das Thema, so unterlegen Sie eben diese Begriffe mit Gesten. Die Aussagengestaltung ist von der jeweiligen Situation abhängig.[9]

Interessant ist, dass uns die Vokale A-E-I-O-U-Ä-Ö-Ü bei der Betonung zu Hilfe kommen, denn nur die Vokale bringen Betonung in unsere Stimme, indem wir diese lang ziehen: Daaamen und Heeerren.

Diese Anmerkungen zu den Bedeutungsträgern dienen lediglich dazu, Ihnen ein Bild über die Zusammenhänge zwischen Wort und Geste zu zeigen, und nicht dazu, Sie in eine heillose Verwirrung zu stürzen.

Um Gesten zu machen, müssen wir auf jeden Fall Betonungen in unsere Sprache einbauen. Wer monoton spricht, hat seinem Körper die Möglichkeit entzogen, überhaupt zu gestikulieren.

Es ist also sinnvoll, das betonte Sprechen zu üben.

Mein Tipp
Stellen Sie sich vor, Sie sind ein Märchenonkel und lesen einem Kind die unten stehende Geschichte vor. Lesen Sie den Text laut und betonen Sie die Silben, die Ihnen aus Ihrem intuitiven Sprachgefühl heraus sinnvoll erscheinen. Lesen Sie die Geschichte ein zweites Mal und versuchen Sie nun, bei den betonten Silben eine Geste zu machen. Gesten können übrigens auch über die Länge eines ganzen Satzes gemacht werden und auch für einen Moment stehen bleiben, während wir weiterreden.

Übungstext: Der alte Löwe und der Fuchs. Eine afrikanische Fabel

Ein Löwe lag alt und schwach in seiner Höhle und war nicht mehr fähig, selbst auf die Jagd zu gehen. Er wäre elend zugrunde gegangen. Doch in seiner Not ließ er in seinem Reich die Botschaft von seinem nahen Tode verbreiten und allen Untertanen befehlen, an den königlichen Hof zu kommen. Er wolle von jedem persönlich Abschied nehmen.

Nacheinander trudelten die Tiere vor der Höhle des Löwen ein, und der König der Tiere rief jeden zu sich. Mit kleinen Geschenken gingen sie einzeln zu ihm hin, denn sie erhofften sich alle großen Vorteil davon. Ein gerissener Fuchs hatte eine Zeit lang in der Nähe der Höhle ausgeharrt und das Kommen beobachtet. »Seltsam«, dachte er, »alle Tiere gehen in die Höhle hinein, aber niemand kehrt daraus zurück. Die Burg des Königs ist zwar geräumig, so groß ist sie nun auch nicht, dass sie alle Untertanen aufnehmen kann. Eigentlich müsste sie schon lange überfüllt sein.« Vorsichtig trat der Fuchs vor den Eingang und rief höflich: »Herr König, ich wünsche Euch ewige Gesundheit und einen guten Abend.«

»Ha, Rotpelz, du kommst sehr spät«, ächzte der Löwe, als läge er wirklich schon in den letzten Zügen, »hättest du noch einen Tag länger gezögert, so wärest du nur noch einem toten König begegnet. Sei mir trotzdem herzlich willkommen und erleichtere mir meine letzten Stunden mit deinen heiteren Geschichten.«

Seid Ihr denn allein?«, erkundigte der Fuchs sich mit gespieltem Erstaunen. Der Löwe antwortete grimmig: »Bisher kamen schon einige meiner Untertanen, aber sie haben mich alle gelangweilt, darum habe ich sie wieder fortgeschickt. Jedoch du, Rotpelz, bist lustig und immer voll pfiffiger Einfälle. Tritt näher, ich befehle es dir.«

»Edler König«, sprach der Fuchs demütig, »Ihr gebt mir ein schweres Rätsel auf. Unzählige Spuren im Sand führen in Eure Burg hinein, aber keine einzige wieder heraus, und Eure Festung hat nur einen Eingang. Mein Gebieter, Ihr seid mir zu klug. Ich will Euch nicht mit meiner Dummheit beleidigen und lieber wieder fortgehen. Eines aber will ich für Euch tun, ich werde dieses Rätsel für mich behalten.« Der Fuchs verabschiedete sich und ließ den Löwen allein.

Ende gut, alles gut!

Wenn Sie Ihr Bewusstsein für betontes Sprechen geschärft haben, können Sie sich auch mal einen sachlichen Text aus der Zeitung vornehmen und daran üben. Das wird erst einmal eine Umstellung sein, denn mit Fabeln funktioniert das betonte Sprechen von Haus aus sehr viel besser. Mit ein wenig Übung klappt es dann auch bei sachlichen Texten und mit noch ein bisschen mehr Übung auch im freien Sprechen.

Die direkte Rede

Laut Wikipedia ist die direkte Rede ein grammatisches Element unserer natürlichen Sprache. Dabei wird eine Rede oder ein Gedanke direkt im Wortlaut wiedergegeben.

Wenn der Redner also am Ende seiner Rede einen Appell an seine Zuhörer richtet, kann er diesen mit der direkten Rede noch verstärken.

Hilfssätze für die direkte Rede:

»Ich sage Nein! Kein Verbot der wichtigen Elbvertiefung für den Hamburger Hafen!«

»Meine Damen und Herren, ich sage: Hinterfragen Sie sich kritisch und verantwortungsvoll, ob wir den bisherigen Weg so weitergehen wollen wie bisher. Ich sage weiterhin, dass dieser Schritt Cäsars Überquerung des Rubikon gleichzusetzen wäre. Auch dort gab es kein Zurück mehr!«

Die direkte Rede wird gerne von Gewerkschaftlern und Politikern benutzt, weil damit die Aktivität zunimmt und der Redner offensiver wirkt. Wir sollen uns als Zuhörer von der direkten Rede aufgefordert fühlen.

Die Körpersprache ist bei der direkten Rede immer etwas impulsiver als bei der indirekten Rede. Hierbei mischen sich auffallend viele Fäuste oder Zeigefinger unter das Gesagte.

6. Intentionsbewegungen auf kleinstem Raum – der Kopf

Nachrichtensprecher erscheinen im Normalfall ausschließlich mit dem Kopf und dem Oberkörper im Rahmen unseres Fernsehgeräts. Die Aufmerksamkeit konzentriert sich in diesem Moment stark auf das Gesicht des Sprechers, da weder die Beine oder Füße in Erscheinung treten. Eine vergleichbare Situation finden wir beim Redner, der hinter einem Vortragspult oder einem Tisch steht.

In beiden Situationen nimmt sich der Sprecher durch diese Art der Darstellung selbst die Möglichkeit, sein Publikum zu überzeugen. Ihm fehlen schlichtweg alle übrigen körpersprachlichen Verhaltensweisen – Beinarbeit, Fußstand oder die Gesten, die das Gesagte unterstreichen können.

Bei einem Nachrichtensprecher ist das nicht weiter wild, da er uns nicht überzeugen, sondern ausschließlich mit Informationen versorgen soll. Wir wollen also weder von ihm amüsiert noch von ihm überzeugt werden und schon gar nicht wollen wir durch seine Aussagen zum Handeln bewegt werden.

Nachrichtensprecher dürfen übrigens keine Gesten benutzen. Die großen Sender wissen um die Wirkung der Gesten: Sie transportieren zu viele Emotionen in die Sprache.

Ganz anders sieht es bei einem Redner hinter einem Pult aus, zum Beispiel bei einem Politiker, der uns sein Wahlprogramm vorstellt. Er will überzeugen. Er minimiert seine Überzeugungskraft um ein Vielfaches, wenn er sich in seiner Festung oder eben hinter seinem Pult verschanzt. Der restliche Körper, den er ja eigentlich nutzen könnte, ist einfach nicht zu sehen und somit aus dem aktiven Wirkungsbereich verschwunden.

Sinnvollerweise sollte der Redner lieber alles geben, was er hat, nämlich auch seinen Rumpf, seine Beine und seine Füße. Das wirkt authentischer, als wenn er einen Teil seines Körpers vor dem Publikum verbirgt.

Wenn er sich komplett zeigt, heißt dies übersetzt: »Liebes Publikum, ich vertraue dir. Ich habe es nicht nötig, mich zu schützen, denn ich zeige dir alles, was ich habe.«

Foto 51: Mit Pult

Wenn der Redner auch noch seine Arme weit öffnet, so als würde er einen alten und guten Freund begrüßen, zeigt er mit dieser Geste seine sensible Seite, was ebenfalls bedeutet: »Vertraue mir, ich vertraue dir doch auch.« Seltsamerweise funktioniert der Deal.

Nutzen Sie diesen menschlichen Mechanismus, denn dann steht Ihnen mehr Überzeugungskraft zur Verfügung, als wenn Sie sich hinter einem Pult verstecken.

Das könnte die Frage aufwerfen, weshalb Politiker sich hinter Pulten verschanzen, und weiterhin die Frage, weshalb wir den Aussagen mancher Politiker nicht sonderlich viel Glauben schenken. Wir wollen das weglassen und das Pult nicht höher bewerten als nötig. Und doch bin ich mir sicher, dass ein Politiker, der ohne Pult spricht, größeres Vertrauen bei seinen Wählern gewinnt.

Foto 52: Ohne Pult

Der Kopf hat eine zentrale Aufgabe, wenn wir als Redner hinter einem Pult stehen bleiben, da er nur mit der Kraft seiner Worte, seiner Gesten und seiner Mimik überzeugen kann. Ich empfehle jedem Redner: Schaffen Sie sich das Pult vom Hals!

Wenn Sie eine Rede halten, bei der Sie sehr viel ablesen müssen und deswegen ein Pult benötigen, dann kürzen Sie Ihre Rede so, dass Sie sie frei halten können und Ihnen ein Stichwortmanuskript ausreicht (siehe Rhetoriktipp 3.3).

Eine weitere Variante, von langen Romanen am Pult loszukommen, vor allem bei großen Datenmengen, ist der Beamer. Er verhilft Ihnen zu wesentlich mehr Freiheiten als das Pult und das Skript im Romanformat.

6.1 Vorsicht! Böser Blick

Das Erste, was uns als Menschen überzeugt, ist ein freundlicher oder sogar lächelnder Gesichtsausdruck. Schauen wir ernst, ist das zwar auch in Ordnung, besitzt aber längst nicht die starken Türöffnerqualitäten wie ein Lächeln.

Foto 53: Das Lächeln – ein Türöffner

Wenn ein Redner fürchterlich konzentriert ist, sieht das Publikum nur einen ernsten Menschen. Ist das Thema tatsächlich sehr ernst, dann darf er natürlich auch so gucken. Dann sollte er aber zumindest am Beginn der Rede freundlich schauen, vor allem wenn er sagt: »Ich freue mich, dass Sie so zahlreich erschienen sind.«

Exkurs: Floskeln

Floskeln braucht kein Mensch; sie sind unnötig wie ein Kropf. »Ich freue mich, dass Sie so zahlreich erschienen sind« ist die am häufigsten verwendete Floskel, wenn es um das öffentliche Reden geht.

Was spricht dagegen, diesen Inhalt in einer normal verständlichen Sprache auszudrücken, die sich spannender und nicht so abgegriffen anhört? Wie beispielsweise durch den Satz: »Ich freue mich, dass sich in dieser kalten Jahreszeit so viele Menschen für dieses spannende Thema erwärmen konnten.« Das ist schon fast ein Roman. Natürlich geht es auch kürzer. »Ich freue mich über Ihr großes Interesse an diesem Thema« oder noch kürzer: »Schön, dass Sie heute alle gekommen sind.«

Weitere beliebte Floskeln sind: »Ich sage mal« oder »Wenn ich mal so sagen darf«. Durchforsten Sie Ihre Sprache nach Floskeln, denn Sie degradieren Ihre Rede zum Standard. Auch Füllwörter sind in der gesprochenen Rede unnötig. Hierzu gehören: *eigentlich, irgendwie, äh, ähm, näh, halt* oder *ja!* Das Letztere wird ausgesprochen gerne von Stefan Raab benutzt, mit Vorliebe in der Kombination: »Meine Damen und Herren. Ja!« (Kurzes A.)

Auch gut gemeinte Telefonattacken ungeschulter Akquisiteure zeichnen sich häufig durch viele »halts« aus: »Ich sag' halt, wenn Sie wollen, dass halt der Service für Sie halt verbessert wird, wenn wir Sie halt regelmäßig über unsere Angebote informieren!«

Die meisten von uns haben eine Standardmimik, die wir in der alltäglichen und geschäftlichen Kommunikation einsetzen. Zuhörer fühlen sich durch eine gleichbleibende Körpersprache oder Standardmimik emotional aber nicht angesprochen. Und hier meine ich nicht, dass sich nur weibliche Zuhörer nicht angesprochen fühlen, sondern auch Männer, denn auch die haben, wie wir bereits wissen, zwei Gehirnhälften.

Wenn über unsere Sprache nur wenige Emotionen transportiert werden, wir auf der Leitung stehen und auch noch eine ausdruckslose Mimik haben, erscheinen wir dem Betrachter emotionslos, monoton und langweilig.

Wenn das Thema plus dazugehöriger Körpersprache dann auch noch in gähnender Langeweile versinkt, fangen einige Zuhörer an zu »tunken«. Tunken ist ein Begriff, den ich erst vor Kurzem von einer älteren Dame gehört habe. Sie erzählte vom Sockenfieber, dem sie im vorigen Winter verfiel: Während des Sockenstrickens schlief sie regelmäßig ein und ihr Kopf sank auf die Brust – sie »tunkte«.

Wenn also Zuhörer mit dem Kopf nach vorne in Richtung Brust sinken und dabei in einen Sekundenschlaf verfallen, dann tunken sie. Getunkt wird mit Vorliebe in langweiligen Meetings, Seminaren, zu später Stunde oder eben in Präsentationen, die von Daten und Zahlen überladen sind.

In einigen Redesituationen nehmen Zuhörer auch den Redner nicht ernst. Das kann daran liegen, dass der unter einer Maske des Lächelns verschwindet, gleich einer venezianischen Maske. Das ist eine Schutzfunktion und wirkt nicht authentisch.

Lächeln Sie, obwohl Ihnen eigentlich gar nicht danach zumute ist? Ich rate jedem, sein Lächeln gelegentlich zu überprüfen, denn ein unechtes Lächeln stößt nicht gerade auf Gegenliebe.

Foto 54: Maskenzauber

In Reden ist es ausreichend und wirkt nicht zu angespannt, wenn wir freundlich gucken, um das Publikum in eine wohlige und angenehme Atmosphäre zu versetzen. Nur wenn sich die Zuhörer wohlfühlen, sind sie geneigt, dem Redner zu glauben.

Bei Frauen ist dieses Verhalten sehr viel ausgeprägter als bei Männern. Es kommt vor, dass Frauen in einer bestimmten seelischen Verfassung in Geschäfte einfallen – ein Friseurgeschäft oder einen Schuhladen –, um auf der Türschwelle in eine Laune wohligen Kaufrausches einzutauchen. Diese legt sich erst zart auf die Seele, um später bösartige Spuren auf dem Konto zu hinterlassen. Ist das Geschäft allerdings unattraktiv, unterkühlt oder nicht ansprechend, weil vielleicht ein scheinbar unfreundlicher Mensch eine schlechte Atmosphäre erzeugt, ist die Dame so schnell weg, wie sie gekommen ist.

Übertragen auf unsere Zuhörer heißt das: Es ist egal, ob wir eine Idee oder ein Produkt verkaufen wollen – gekauft wird nur, wenn wir uns wohlfühlen, und das Wohlfühlen stellt sich ein, wenn wir einen Freund und keinen Feind vor uns haben.

Seien Sie also nicht so zurückhaltend!

Foto 55: Ich glaube dir nicht

Mein Tipp

Wenn Ihr Thema ein Lächeln zulässt, und das ist in fast allen Reden so, ist es ein Türöffner.
Ein Lächeln hilft dem Zuhörer, sich mit Leichtigkeit emotional an das Thema und an den Redner zu binden. Das soll jetzt nicht heißen, dass Sie als Redner erst mal einen Schenkelklopfer mit »hahaha« machen müssen oder über die gesamte Länge Ihrer Rede grienen müssen. Sie sollten vor allem am Anfang einfach nur freundlich gucken und, wenn Sie es schaffen, sogar ein wenig lächeln.

6.2 Blickkontakt halten

Für einige Rednerköpfe scheint es eine deutliche Anstrengung zu sein, den Leuten im Publikum direkt ins Gesicht zu schauen. Einige versuchen, während des Sprechens wichtige Gedanken vom Fußboden aufzunehmen, indem sie ihren Blick konzentriert auf das Teppichmuster richten. Andere richten ihren Blick nach oben und versuchen, Geistesblitze aus Kronleuchtern und Deckenverkleidungen einzufangen. Wieder andere schauen aus dem Fenster.

Die Entwickler des Neurolinguistischen Programmierens (NLP), John Grinder und Richard Bandler, haben nachgewiesen, dass Menschen, die in verschiedene Richtungen schauen, durch die Blickrichtung innere Bilder abrufen.[10] Vorm inneren Auge taucht eine Situation auf, die der Rednersituation ähnelt und die am schnellsten parat ist.

Da negative Erinnerungen meist schneller abgerufen werden als positive, erscheinen erst einmal unbewusst die negativen Erinnerungen und weniger die positiven. Da erscheint dann vorm inneren Auge zum Beispiel die letzte verhauene Rede und nicht die letzte gut gemeisterte, für die der Redner ein so gutes Feedback bekam.

Menschen, die mit ihren Augen zur Seite schauen, rufen innerlich Geräusche, Klänge und Töne ab. Sie hören dann diverse Stimmen aus dem Off, die böse Dinge behaupten oder »Buh« rufen.

Menschen, die nach unten schauen, rufen Erlebnisse ab, die sich fühlen lassen. Hier spürt der Redner unter Umständen die heiße

Röte auf seinem Gesicht, die ihn bei der vorigen Rede fast um den Verstand gebracht hat und die sich schon bei dem Gedanken an das Rotwerden wieder ausbreitet.

Mit diesem Hintergrundwissen wird verständlich, dass der Redner nach all den vermeintlich peinlichen Auftritten sucht, die er in seinem Leben bereits durchlebt hat. Wenn ihm dann mangels Erfahrung keine Bilder, Töne und Gefühle einfallen, fabriziert er sich neue, etwa Bilder von einem pöbelnden, mit faulen Eiern werfenden Publikum. Wenn er tatsächlich an die faulen Eier denkt, ist dies eine Art sich selbst erfüllende Prophezeiung: Man muss nur fest an sein Unglück glauben, dann stellt es sich schon ein.

Und warum denken wir nicht an die gelungenen und positiven Auftritte? Weil wir aufgrund eines genetischen Urtriebs immer erst Gefahren abchecken müssen, bevor wir etwas aktiv unternehmen. Im Geiste gehen wir also alle drohenden Misserfolge durch – natürlich unbewusst.

Wenn es dem Redner darum geht, die Anspannung zu reduzieren, ist schon viel gewonnen, wenn er seine Gedanken statt auf negative Erlebnisse sehr bewusst auf die positiven Erfahrungen lenkt, denn dann spiegelt seine Mimik diese positive Seelenstimmung auch wider.

Mein Tipp

Fabrizieren Sie also bewusst neue und natürlich positive Bilder, Töne oder Gefühle.
Außerdem ist es wichtig, dass Sie einen freundlichen Blickkontakt zu Ihren Zuhörern aufbauen und nicht zu stark auf den Kronleuchter, den Teppich oder aus dem Fenster schauen.
Wenn Sie nicht wissen, wo Sie hingucken sollen, suchen Sie sich drei freundlich schauende Menschen heraus: einen links, einen rechts und einen in der Mitte. Diese drei schauen Sie nun abwechselnd an; dadurch fühlen sich automatisch alle anderen Zuhörer ebenfalls angesprochen.

Das funktioniert aber nur bei mittelgroßen Gruppen mit etwa 20 Zuhörern. Bei sehr großen Gruppen mit 100 und mehr Zuhörern hat sich das Bild von einem Würfel mit fünf Punkten bewährt, den

Sie blicktechnisch abarbeiten. Bei kleinen Gruppen bis etwa zehn Leuten sollten Sie im Laufe der Rede alle Zuhörer mehrmals angeschaut haben.

In den ersten drei Minuten ist die Aufregung übrigens am größten, weswegen ich Ihnen rate, in dieser Zeit nur die wohlwollenden Zuhörer anzuschauen.

7. Vier Redestrategien – die Charaktertypen

Einen introvertierten Typen zu einer extrovertierten Rede zu bewegen, ist ähnlich aussichtslos, wie einer Katze das Männchenmachen beizubringen. Deswegen sollte die Gestaltung unserer Rede immer in Kongruenz zu unserer Gesinnung und zu unserer Persönlichkeit stehen.

Die meisten von uns können aus der Lamäng unterschiedliche Menschentypen beschreiben, und die allermeisten von uns wissen, was ein Choleriker ist.

Er steht nicht nur stellvertretend für eine Riege aufbrausender Cheftypen, sondern auch für einen Rednertyp, der sich in Rage reden kann und mit seiner dominanten Art viele Zuhörer in seinen Bann schlägt.

Leider haben wir vier Typen in äußerst negative Schubladen gesteckt – zu Unrecht, wie ich meine.

Zum Choleriker gesellen sich der Melancholiker, der Phlegmatiker und der Sanguiniker. Aller vier zeichnen sich durch eine besondere Art der Darstellung aus.

Diese vier Temperamente gehen auf eine Typologie aus der Antike zurück, die wie vieles aus dieser Zeit viel Weisheit enthält. Leider haben die Begriffe mit der Zeit etwas gelitten, denn die meisten von uns empfinden sie als negativ. Interessant ist, dass ausgerechnet die positiven Eigenschaften und Attribute dieser Typen weitgehend verloren gegangen sind. Die negativen haben sich mal wieder prächtig in der Festplatte des Gehirns verankert. Aber wir haben ja bereits gehört, dass der Mensch die Angewohnheit hat, Negatives besser zu behalten als Positives.

Typologien erleichtern uns die Orientierung, und so verwundert es nicht, dass in unserer Gesellschaft weitere Typologien ihre Freunde finden. Die Biostrukturanalyse, das DISC-Modell und Lifo, aber auch die Blutgruppentypen aus der Ernährung sind nur eine kleine Auswahl daraus.

Alle Typologien haben ihre Gültigkeit, denn sie greifen Strukturen auf, die aus unterschiedlichen Blickrichtungen stammen und die sich durch die vielen Jahrtausende des menschlichen Seins in uns festgesetzt haben. Auch die vier Temperamente haben sich durch die verschiedenen Zeiten hinüberretten können und werden noch immer bei einem Großteil der Alternativmedizin beachtet und angewendet. Sie beruhen auf der Konstitutionslehre und haben im Allgemeinen eine starke seelische Komponente. Dahinter steht ein besonders ganzheitlicher Ansatz, weswegen sie sich wohl auch nach über 2000 Jahren noch bewähren. Die Waldorfpädagogik basiert ebenfalls zu einem großen Teil auf dieser Lehre. Die Schüler an sogenannten Waldorfschulen werden durch diese Art der Anschauung schnell in ihrem Wesen erkannt und gefördert. Vielleicht erfreuen sie sich deswegen einer so großen Beliebtheit.

Stoßen Sie sich nicht an den klassischen Begriffen, denn jeder dieser Typen zeichnet sich durch negative und positive Eigenschaften aus.

Typologien bergen die Gefahr in sich, Typen zu stark zu vereinfachen. Da wir uns aber nur selbst einschätzen und niemand sonst, wissen wir in der Regel, dass sich 1000 weitere Neigungen zu einem Typ hinzugesellen. Das sollte jedem klar sein.

Um Ihnen die Orientierung zu erleichtern, finden Sie auf den folgenden Seiten jeweils eine Aufzählung möglicher Eigenschaften, anhand derer Sie sich als Rednertyp einschätzen können, um daraufhin die passende Redestrategie finden und anwenden zu können.

Sie werden sicherlich bemerken, dass Sie sich nicht ausschließlich einem einzigen Typ zuordnen können.

Das liegt daran, dass wir alle Temperamente in uns verankert haben. In alltäglichen, sicheren und gewohnten Situationen verstärkt sich in der Regel ein Temperament, weil es sich dann frei entfalten kann und sich nicht wegen vorgegebener Regeln oder Erwartungen vor anderen zurückhalten muss.

Natürlich sind die Eigenschaften, Fähigkeiten und Attribute nur Optionen und müssen nicht immer zu 100 Prozent zutreffen. Und doch ist es eine Erleichterung, wenn wir selbst wissen, was wir in der Rede noch verbessern können und wo unsere Stärken liegen.

7.1 Agiler Alleinunterhalter – der Sanguiniker

Er ist der agilste der vier Rednertypen.

Jeder Redner sollte ein gehöriges Stück von ihm in sich veranlagt haben, da das Publikum eine lebendige, lebensfrohe und begeisternde Darstellung liebt.

Foto 56: Typ agiler Alleinunterhalter

Dieser agile Typ wird in der Regel sehr schnell angenommen, denn er ist aufgeschlossen, versteigt sich nicht in seine eigene Meinung, nimmt Schwierigkeiten mit Schwung in Angriff, manches Mal auch auf die leichte Schulter, und findet sehr schnell einen guten Zugang zu seinem Publikum. Aber nur, wenn er sich und seiner Sache sicher ist. Ansonsten bekommt sein Verhalten eine überhebliche Nuance, die nicht selten zu einer Distanz zwischen ihm und dem Publikum führt.

Er ist der Luftikus unter den Typen, und so verwundert es nicht, dass er permanent neue, kreative und spontane Ideen hat. Das macht ihn zum unersetzlichen Mitarbeiter im Marketing, aber auch zum unerträglichen Kollegen, wenn es um Zuverlässigkeit geht. Diese Eigenschaft gehört nicht in sein natürliches Repertoire, weswegen die Gefahr besteht, dass ihn seine Mitmenschen irgendwann nicht mehr ernst nehmen können und wollen, da er vieles nicht einhält, was er verspricht.

Er macht alles mit, hält aber nicht lange durch.[11]

Da er einen kontinuierlichen Nachschub an Ideen hat, kann eben nicht jede umgesetzt werden, es sei denn, man verlängert den Tag um einige Stunden (was in der Werbung zum Arbeitsalltag gehört).

Er ist ein schlaues Kerlchen, denn das, was der Sanguiniker nicht wirklich kann, nämlich an einem Ort bleiben und sich seinem Unternehmen loyal verpflichten, hat er besonders in der Werbung kurzerhand zur Regel erklärt: Kein Mitarbeiter sollte länger als drei Jahre an einem Ort bleiben. Rotationszwang!

Seine bevorzugten Arbeitsbereiche sind die Werbung, das Marketing, der Vertrieb, das Entertainment oder das Seminargeschäft. Also immer da, wo es darum geht, andere Menschen zu überzeugen und sich oder sein Produkt darzustellen.

Bekannte Persönlichkeiten, die viele sanguinische Anteile haben, sind Dirk Bach, Stefan Raab, Norbert Blüm, Ursula von der Leyen, Heidi Klum und Verona Poth.

Positive Rednereigenschaften

- Vom Beginn an sehr aufgeschlossen
- Lebendige Vortragsart
- Neugierig auf sein Publikum
- Begeisterungsfähig
- Verbreitet eine positive Grundstimmung
- Sprachgewandt
- Fantasievolle und kreative Darstellung
- Flexibel und spontan bei Einwänden
- Schnelle Auffassungsgabe

Negative Rednereigenschaften

- Bereitet sich ungern vor
- Neigt zum Lamentieren
- Denkt Ideen und Vorschläge ungern zu Ende
- Neigt zu Übertreibungen
- Macht ungern verbindliche Ansagen
- Wenig Redestruktur

Seine Rhetorik

- Sehr flüssig
- Wenige Pausen
- Spricht sehr schnell
- Ansehnliche Beispiele und Vergleiche
- Kreative Begriffswahl
- Humorige Inhalte

Seine Stimme

- Lebendige Sprechdynamik
- Kopfstimme

Seine Körpersprache

- Vielseitige Gestik
- Steht kaum still
- Guter Blickkontakt
- Freundliche Mimik
- Aufrechte Köperhaltung

Sprüche, an denen man ihn erkennt

- Kommste heut' nicht, kommste morgen.
- Aus den Augen aus dem Sinn.
- Man muss die Feste feiern, wie sie fallen.
- Neue Besen kehren gut.

Mein Tipp

- Sich mehr Zeit für die Vorbereitung nehmen
- Ideen kurz und prägnant darlegen
- Ideen auf Umsetzbarkeit prüfen, bevor sie öffentlich präsentiert werden
- Sich Redestrukturen zu Hilfe nehmen
- Mehr Pausen einbauen
- Am Beginn ruhig stehen

7.2 Dominanter Macher – der Choleriker

Dieser dominante Typ transportiert ebenso wie der Sanguiniker eine natürliche Überzeugungskraft, die einen emotionalen Ursprung hat.

Er ist ein dominanter Macher und hält seine Rede aus der Gesinnung heraus, Zuhörer zum Handeln zu bewegen. Deutlich wird das an seiner raumgreifenden Gestik und seiner gut hörbaren Stimme.

Da er ein Platzhirsch ist, neigt er bei Einwänden gerne dazu, seinen Zuhörern über den Mund zu fahren und sie schroff zu unterbrechen.

Foto 57: Typ dominanter Macher

Eine Rede ist für ihn Mittel zum Zweck, was er manchmal nur zu deutlich zeigt, indem er sich lieber auf seine Zielsetzung und natürlich auf die Ergebnisse konzentriert als auf das Publikum.

> *Wenn ein Choleriker auf die Schiene gesetzt ist, dann läuft der, und solange sich am Ende eine Wand befindet, braucht der keine Tür.*[12]

Er ist nicht der beliebteste Kollege, denn er ist ein Alleingänger, dessen soziale Kompetenz ähnlich unterbelichtet ist wie die einer Feuerqualle.

Gewinn- und prestigebringende Aufträge inhaliert er schnell und effektiv. Dies geschieht gerne ohne Rücksicht auf Verluste, immer mit forschem Tempo und lautstarkem Organ. Ist er anwesend ist, merkt das jeder – auch drei Stockwerke unter ihm. Sein Schritt ist gewaltig laut, so wie eben auch seine Stimme.

Er ist ein Visionär mit hochgesteckten Zielen, die er auf Gedeih und Verderb erreichen will und auch erreicht. Er ist überzeugt, dass sein gesamtes Management ohne ihn aufgeschmissen ist.

Er sagt Wahrheiten, die keiner hören will, weil es ihm schnurzpiepegal ist, was andere von ihm denken und halten.

Seine hochgesteckten Ziele zieht er für gewöhnlich durch, allerdings nur, wenn er vorher nicht alle plattgemacht hat, denn seine Sensibilität gleicht der eines Bulldozers.

Mit einem cholerischen Team an seiner Seite schafft er es, alle zu absoluten Höchstleistungen zu motivieren und anzuspornen, da solche Mitarbeiter sich von seinen täglichen Attacken, gerne auch unter die Gürtellinie, nicht unterkriegen lassen.

Seine bevorzugten Arbeitsbereiche sind das Projektmanagement, der gewerbliche Bereich und das Management.

Immer da, wo es darum geht, tätig zu werden oder Visionen umzusetzen, ist er mit von der Partie.

Bekannte Persönlichkeiten, die viele cholerische Anteile haben, sind Gabi Köster, Hartmut Mehdorn, Senta Berger, Hella von Sinnen, Ole von Beust und Franz Beckenbauer.

Positive Rednereigenschaften

- Präsenz
- Kurze und knappe Darlegung seiner Inhalte
- Motivierend und auffordernd
- Visionäre Ideen
- Dynamische Sprache
- Ziel- und ergebnisorientierte Vortragsart

Negative Rednereigenschaften

- Baut keine echte Beziehung zum Publikum auf
- Eine Spur zu humorlos
- Bemerkt schlechte Stimmung nicht
- Geht nicht genügend auf seine Zuhörer ein
- Reagiert schnell ungeduldig

Seine Rhetorik

- Formuliert Nutzen und Vorteile
- Stellt Ergebnisse in den Vordergrund
- Keine Schnörkeleien

Seine Stimme

- Laut
- Neigt dazu, die Satzenden zu verschlucken

Seine Körpersprache

- Raumgreifend
- Weite Gesten
- Grobe Handmotorik
- Breitbeiniger Stand
- Angespannte Mimik

Sprüche, an denen man ihn erkennt

- Zeit ist Geld.
- Wer wagt, der gewinnt.
- In der Kürze liegt die Würze.
- Wo ein Wille ist, ist auch ein Weg.

Mein Tipp

- Das Publikum noch stärker einbeziehen
- Auf echte Einwände positiv reagieren
- Auch mal leise Töne anschlagen
- Sätze bis zum Ende aussprechen
- Am Beginn freundlicher gucken

7.3 Intelligenter Professor – der Melancholiker

Ohne ein Zeitlimit redet dieser Typ bis zum Sankt-Nimmerleins-Tag über Daten, Zahlen und Fakten. Darin ist er kaum zu bremsen, denn er hat den Anspruch, seinem Publikum eine 100-prozentige Übersicht über die Sachlage zu verschaffen.

> *Der Melancholiker hat ein libidinöses Verhältnis zur dritten Stelle hinterm Komma.*[13]

Seine Motivation zu reden speist sich also immer aus dem Wunsch, detailliertes Wissen zu vermitteln, was schnell als Penetranz ausgelegt wird. Durch den Fokus auf ZDF bemerkt er kaum, wie das Publikum schläfrig wird und irgendwann geistig aussteigt.

Wenn er es dann bemerkt, muss er tatenlos zusehen, wie die Aufmerksamkeit sinkt, da er nicht in der Lage ist, seine Rede spontan umzustellen. Dann wäre sie nicht mehr perfekt.

Einerseits ist er ein Verfechter von Sinnhaftigkeit, macht also keinen Arbeitsschritt ohne Grund. Das Erste, was ihm im Meeting zu einem Vorschlag einfällt, ist das, was dagegen spricht, da er äußerst schnell mögliche Blickrichtungen analysieren kann.

Auf der anderen Seite lamentiert er über sein Thema, ohne ein einziges Beispiel zu geben. Macht das Sinn?

Die Frage, ob das Publikum jedes Detail wissen muss, stellt er sich nicht, da er selbstverständlich davon ausgeht, einen umfassenden Bericht zu geben und dass alle den gleichen Wissensstand haben wie er. Was, nebenbei gesagt, niemals geschehen wird, weil er einfach zu viel weiß. Er ist ein wandelndes Lexikon, denn bei ihm wird alles sorgfältig abgelegt; nichts geht verloren. Deswegen ist er übrigens auch furchtbar nachtragend; er weiß noch Jahre später, dass ihm jemand, wenn auch nur versehentlich, auf den Schlips getreten ist.

Seine Ablage im Gehirn ist ähnlich ordentlich wie sein Schreibtisch, weswegen er auch alles immer schnell zur Hand hat – auch die Ungerechtigkeiten.

Foto 58: Typ intelligenter Professor

Er ist ein Meister des Protokolls, denn er hasst nichts so sehr wie vage Aussagen, die ungenügend recherchiert, nicht fundiert oder falsch wiedergegeben sind.

Bei ihm sind sämtliche deutschen Werte vereinigt und sie stehen auf seiner Liste der angestrebten Ziele weit oben. Das Wichtigste ist für ihn Zuverlässigkeit, gefolgt von Ordnung, Disziplin und Höflichkeit.

Seine bevorzugten Arbeitsbereiche sind die buchhalterischen Positionen, das Controlling, die Entwicklung, journalistische Tätigkeiten oder der große Bereich um das Buch. Also immer da, wo es darum geht, Wissen anzuhäufen, zu verwalten und weiterzutragen.

Bekannte Persönlichkeiten, die viele melancholische Anteile haben, sind Christoph Maria Herbst, Monica Lierhaus, Sky Dumont, David Copperfield, Wolfgang Schäuble und Sandra Maischberger.

Positive Rednereigenschaften

- Qualifizierte Aussagen
- Lösungsorientierte Vorschläge
- Höfliches Auftreten
- Ausführlich und informativ
- Galgenhumor
- Differenzierte Aussagen

Negative Rednereigenschaften

- Zu viele Details
- Kommt nicht zum Ende
- Alles ohne Gewähr
- Zu sachliche Darstellung
- Wenig körpersprachliche Präsenz
- Wirkt häufig unsicher

Seine Rhetorik

- Viele Füllworte
- Strukturierte Inhalte

- Kaum Beispiele
- Schachtelsätze
- Drückt sich gewählt aus
- Vermeidet Appelle

Seine Stimme

- Ruhig
- Leise

Seine Körpersprache

- Introvertiert
- Kleiner Standpunkt
- Passiver Oberkörper
- Kaum Gestik
- Besorgte Mimik

Sprüche, an denen man ihn erkennt

- Stille Wasser sind tief.
- Lehrjahre sind keine Herrenjahre.
- Wer einmal lügt, dem glaubt man nicht und wenn er auch die Wahrheit spricht.
- Träume sind Schäume.

Mein Tipp

- Mehr Beispiele und Vergleiche einbauen
- Weniger Charts zur Visualisierung einsetzen
- Sachverhalte knapp darlegen
- An die Zuhörer appellieren
- Raumgreifend gestikulieren
- Breiter stehen
- Mehr bewegen

7.4 Besonnener Pragmatiker – der Phlegmatiker

Dieser Typ besticht durch seine Ruhe. Man kann ihm ohne Weiteres folgen, denn er könnte den Weltrekord im Langsamsprechen aufstellen.

Er erscheint dem Zuhörer wie eine deutsche Eiche, nicht nur wegen seiner Standfestigkeit, sondern auch wegen seiner behäbigen Art, die so einige Zuhörer in Tiefschlaf versetzt.

Einzig und allein sein freundliches Gesicht hält uns als Zuhörer davon ab, uns schon zu Beginn der Rede mit der Fensteraussicht oder dem neuesten Update unseres Black Berrys zu beschäftigen.

Eine Rede stellt für ihn eine unschöne Unterbrechung seines sonst so geregelten Arbeitsalltags da, weswegen er sich nicht gerade darum reißt. Drückt man ihm kurzfristig eine auf, also ohne ihm Zeit zur ausführlichen Vorbereitung zu geben, macht er zu und wird bisweilen sogar stur. Dieses Verhalten zeigt er immer dann, wenn er etwas Neues machen soll, das ihn aus seinem täglichen Trott herausreißen könnte, denn er hat eine Vorliebe für Traditionen und mag seine Gewohnheiten.

Er gehört eher zu den Befehlsempfängern als zu den Befehlsgebern, was ihn aber nicht davon abhält, nach dem Nutzen zu fragen. Das ist dann auch das, was ihm in einer Rede viele Pluspunkte einhandelt, denn jeder Zuhörer möchte wissen, welchen Nutzen er von den Inhalten hat.

Er stellt eine verlässliche Größe im Unternehmen dar, denn er ist loyal, konstant und treu, weswegen er auch nicht selten 50-jähriges Dienstjubiläum feiert.

Seine bevorzugten Arbeitsbereiche sind die Behörden und sämtliche Verwaltungsbereiche. Auch Hausmeister, Pförtner oder Busfahrer haben häufig viele phlegmatische Anteile.

Er ist also immer da zu finden, wo es darum geht, seine Ziele, die, nebenbei gesagt, nicht sehr hoch hängen, mit möglichst wenig Aufwand, Gegenwind und Widerrede zu erreichen.

Der Phlegmatiker hat einen siebten Sinn für das, was man sich schenken kann.[14]

Foto 59: Typ besonnener Pragmatiker

Bekannte Persönlichkeiten, die viele phlegmatische Anteile haben, sind Günter Netzer, Angela Merkel, Kurt Beck und Michael Schumacher.

Positive Rednereigenschaften

- Einfache Sprache
- Natürliche Souveränität
- Ruhe und Übersicht
- Verbreitet eine angenehme Atmosphäre
- Verhält sich seinem Auftraggeber gegenüber loyal
- Beantwortet geduldig Einwände und Fragen
- Optimistische Grundeinstellung

Negative Rednereigenschaften

- Neigt zu lethargischem Redestil
- Skeptisch gegenüber neuen Ideen
- Monotone Sprechweise
- Passive Körpersprache
- Unflexibel und wenig spontan

Seine Rhetorik

- Benutzt Füllwörter
- Übersichtlich
- Legt Inhalte knapp dar
- Transportiert den Nutzen

Seine Stimme

- Ruhig
- Meist tief und sonor
- Langsam
- Monotone Sprechweise

Seine Körpersprache

- Gemächlich
- Gestikuliert auf der negativen Ebene
- Fester Stand
- Kaum Bewegungsdynamik am Rednerplatz

Sprüche, an denen man ihn erkennt

- Alte Liebe rostet nicht.
- Kommt Zeit, kommt Rat.
- Gut Ding will Weile haben.
- Was der Bauer nicht kennt, das isst er nicht.

Mein Tipp

- Mehr Begeisterung zeigen
- Die neutrale Ebene zum Gestikulieren nutzen
- Mehr am Rednerplatz bewegen
- Betont sprechen
- Körperspannung erhöhen

Schlussbetrachtung

Wenn Sie sich wiedererkannt haben und wenn Sie ein kleines Stückchen vorangekommen sind, was das Aufdecken Ihrer Wirkung betrifft, nehmen Sie sich die Verbesserungsvorschläge zu Herzen, die Sie im Laufe des Buches in Form von Anregungen und Tipps erhalten haben.

Üben Sie im Alltag und nehmen Sie sich nie zu viel vor, denn das tötet die Motivation. Üben Sie nicht während Ihrer professionellen Rede, also vor echtem Publikum, denn hier sollten Sie das Gelernte bereits verinnerlicht haben. Das wirkt authentischer.

Gehen Sie die Kapitel nach und nach durch und lernen Sie wochenweise. Wenn Sie eine Woche lang ausschließlich auf den Handschlag achten, bei sich und bei anderen, lernen Sie deutlich mehr, als wenn Sie noch auf fünf weitere Signale achten.

Jeder ist für seinen Auftritt selbst verantwortlich. Jeder hat die Wahl, sich für eine überzeugende oder nicht überzeugende Rede zu entscheiden. Die Konsequenzen tragen Sie selbst:

Wenn du weißt, was du machst, kannst du tun was du willst.

Foto 60: Nadine Kmoth

Empfehlung und Kontakt

Wenn Sie neugierig geworden sind und sich weiteres Wissen zum Thema Körperrhetorik aneignen wollen, finden Sie in meinem ersten Buch *Körperrhetorik. Eine Anleitung zum Gedankenlesen und -zeigen* noch differenziertere Hinweise zum Thema Wirkung und Temperamente.

Auch können Sie bei mir ein Seminar zum Buchthema besuchen oder sich ein Coaching gönnen:

EMC-Coaching und Training
Forsmannstraße 20 B
22303 Hamburg
www.emc-coaching.de

Danksagung

> »Der erste Beweis, dass ein Mensch klüger geworden ist, ist die Feststellung, dass er Dinge, die ihm immer vollkommen begreiflich und natürlich vorkamen, plötzlich nicht mehr versteht.«

Dieser Spruch von Franz Grillparzer hat mich beim Schreiben dieses Buches beruhigt und zugleich motiviert. Motiviert haben mich auch meine Familie und meine lieben Freunde. Besonders möchte ich meinem Trainerkollegen Silard Sarosi und meiner Tochter für die Skriptdurchsicht danken. Bei Stephan Knauer bedanke ich mich für seine Geduld, Fotos von mir zu machen, und bei Mayka Stieper, dass sie sich als Modell zur Verfügung gestellt hat.

Literatur- und Quellenangaben

1. Pöhm, Matthias: »Vergessen Sie alles über Rhetorik. Mitreißend reden – ein sprachliches Feuerwerk in Bildern«, MVG 2006.
2. Hainbuch, Friedrich: »Progressive Muskelentspannung«, Gräfe & Unzer 2007. Grasberger, Delia: »Autogenes Training«, Gräfe & Unzer 2007. Bodian, Stephan: »Meditation für Dummies«, Wiley 2007.
3. Schulz von Thun, Friedemann: »Miteinander reden«, Bd. 1–3, Rowohlt 2004.
4. Mopo-Artikel vom 15.07. 2007.
5. Schulz von Thun, Friedemann: Spruch aus einer Vorlesung vom Wintersemester 2005: »Das, was uns am Anfang reizt, reizt uns am Ende bis aufs Blut.«
6. Denk, Melanie: Rote Lippen beim Eisprung, Verlag für akademische Texte.
7. Pease, Barbara und Allan: »Warum Männer nicht zuhören und Frauen schlecht einparken«, Ullstein 2002.
8. Mayr, Ernst: »Die Entwicklung der biologischen Gedankenwelt. Vielfalt, Evolution und Vererbung«, Springer 2002.
9. Amon, Ingrid: »Die Macht der Stimme. Persönlichkeit durch Klang, Volumen und Dynamik«, Redline Wirtschaft 2007.
10. Bandler, Richard und Grinder, John: »Reframing – Ein ökologischer Ansatz in der Psychotherapie (NLP)«, Junfermann 2000.
11. Professor Dr. Peter Nieschmidt: Vortrag in Köln, Spruch: »Er macht alles mit, hält aber nicht lange durch.«
12. Professor Dr. Peter Nieschmidt: Vortrag in Köln, Spruch: »Wenn ein Choleriker auf die Schiene gesetzt ist, dann läuft der, und solange sich am Ende eine Wand befindet, braucht der keine Tür.«

13. Professor Dr. Peter Nieschmidt: Vortrag in Köln, Spruch: »Der Melancholiker hat ein libidinöses Verhältnis zur dritten Stelle hinterm Komma.«

14. Professor Dr. Peter Nieschmidt: Vortrag in Köln, Spruch: »Der Phlegmatiker hat einen siebten Sinn für das, was man sich schenken kann.«

Stichwortverzeichnis

D

E

F

G

S

T

U

V

W

Z